任性出版

臺灣超級大案

鑑識現場

臺灣鑑識權威
前臺北市警察局刑事鑑識中心主任
謝松善

臺灣警察專科學校科技偵查科副教授
曾春僑──著

媽媽嘴、W飯店、319……11件轟動臺灣的大案，
記者、警察、街頭巷尾都在談論，
真相是？鑑識專家用獨家照片解讀現場。

目錄

第二部 真相不會缺席，只是遲到……149

第三部 與犯罪者鬥智的科學……243

測謊篇

照片提供／曾春僑副教授

Q 測謊一定是正確的嗎？

A 藉由測儀器能夠記錄受測者回答問題時的心跳、呼吸、膚電反應（皮膚表面電流的微小變化），進而判讀受測者是否說謊。但無法百分之百辨別出無辜者及說謊者，受測者如果說謊成性，或受過訓練（如中情局人員），就有可能躲過儀器的偵測。（見第 1 章）

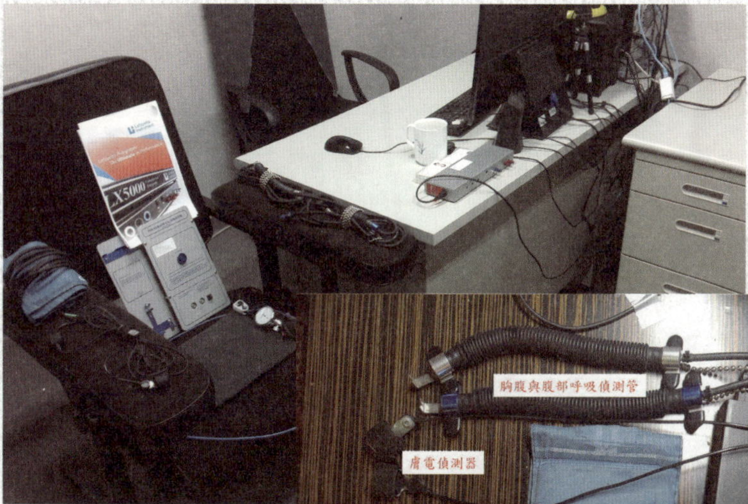

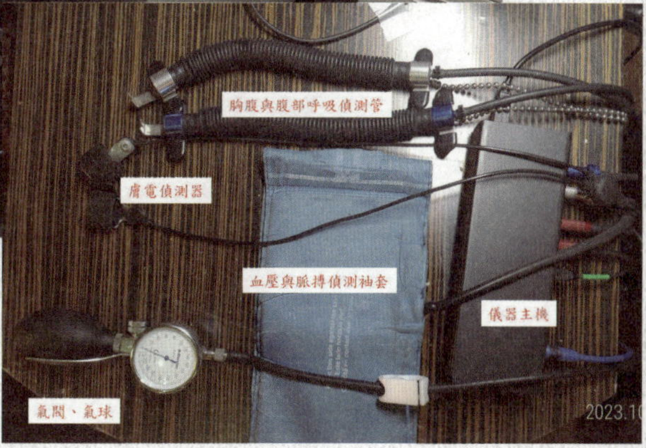

▲▶測謊室配置圖。

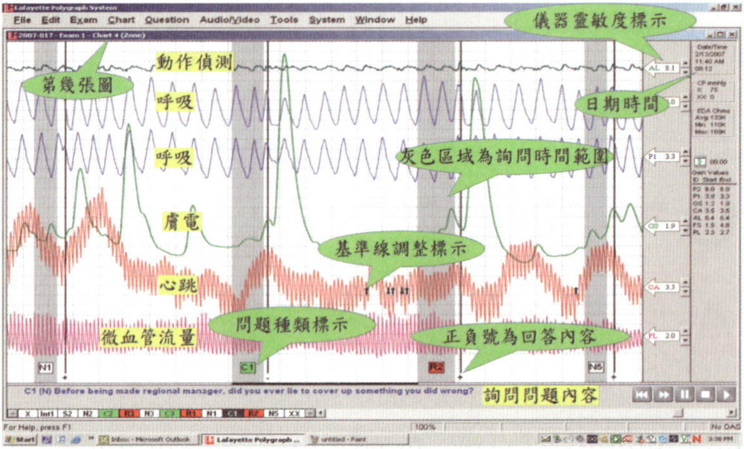

▲電腦化測謊儀生理訊號圖譜，可收集動作偵測、呼吸、膚電、心跳、微血管流量等生理反應資料。

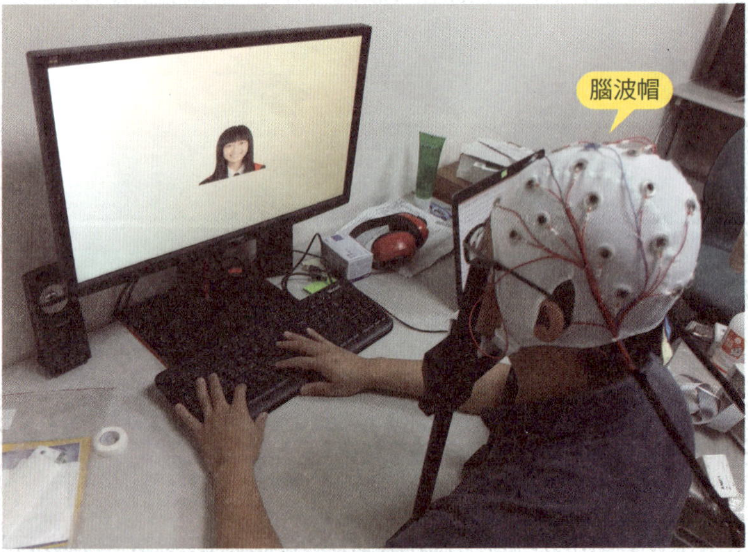

▲在 AI 風潮下，透過監測大腦腦波變化可看出受試者是否說謊。然因相關演算結果尚未達到可信程度，故迄今歐美各地測謊協會尚未修改測試規範。

毒品篇

Q 各式各樣新興毒品如雨後春筍般冒出，警方如何快速檢驗辨別？

A 查扣疑似毒品證物後，會先在第一線進行初篩檢驗。常用的檢驗法有：利用呈色試驗法、免疫試驗法、拉曼光譜儀等。（見第2章）

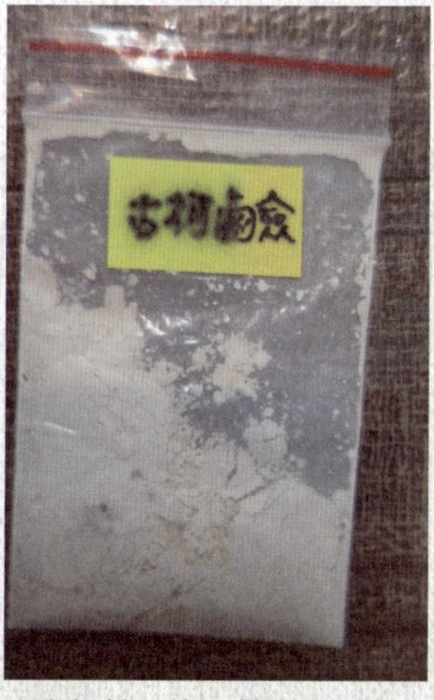

▲古柯鹼，第一級毒品，繼大麻後，全球最被濫用的藥物之一，成癮性最強。

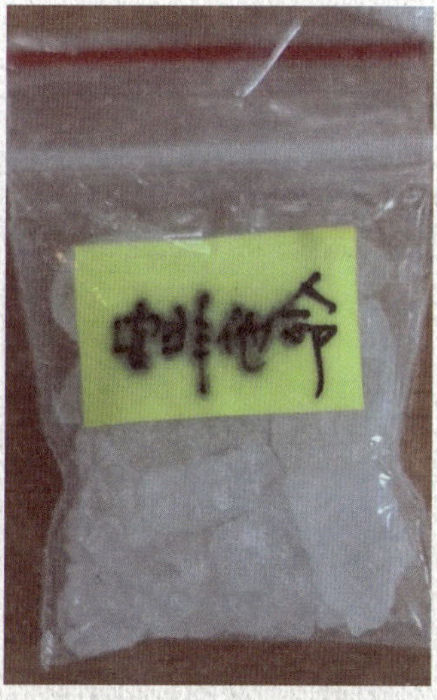

▲安非他命，俗稱「冰塊」，狀似冰糖，是一種中樞神經興奮劑。

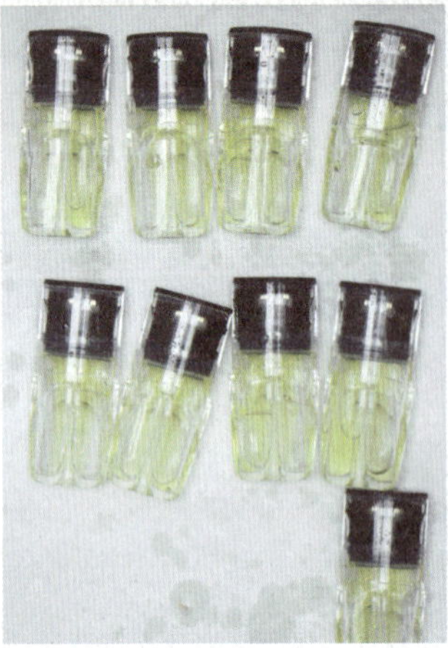

▲內含依托咪酯成分的喪屍菸彈。

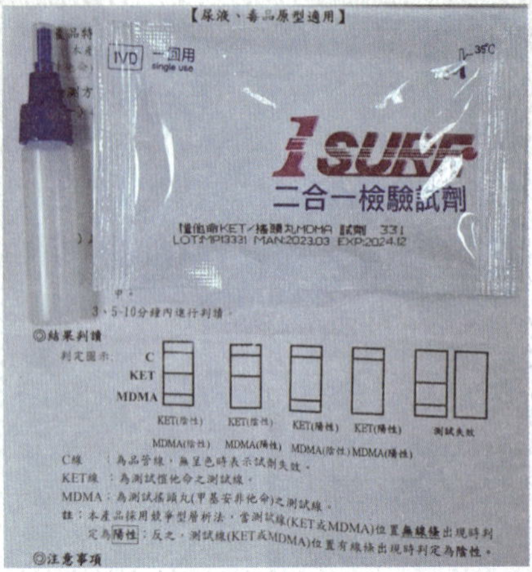

▲K他命（KET）／搖頭丸（MDMA）毒品（尿液）檢驗試劑，使用方式與新冠病毒快篩試劑雷同。

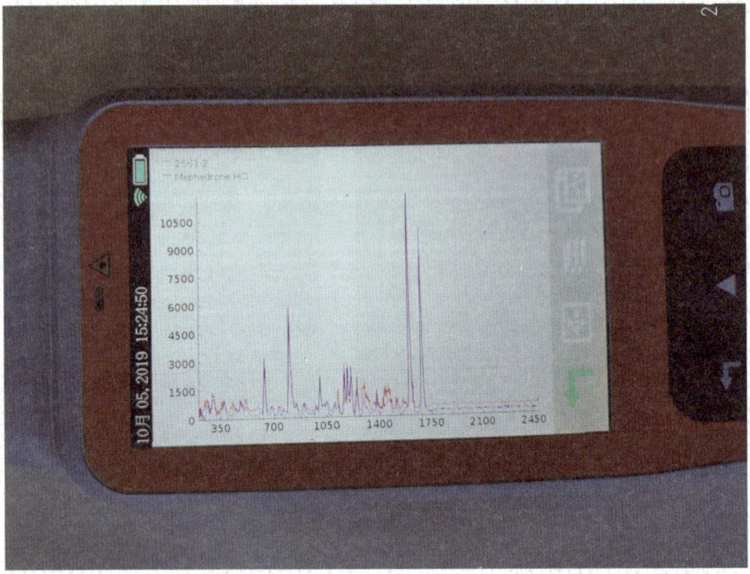

▲拉曼光譜儀可以讓各種偽裝毒品立刻現形。諸如咖啡包、喪屍菸彈等皆可驗出，準確性比傳統試劑高。

▼準備捲起的大麻菸捲。（圖片來源：維基百科）

▼捲好的大麻菸捲。

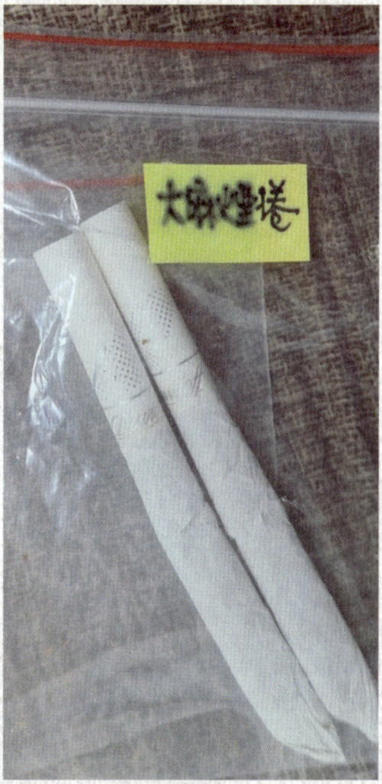

▲海洛因，俗稱白粉。濫用的方式為注射、菸吸、鼻吸及口服。（圖片來源：維基百科）

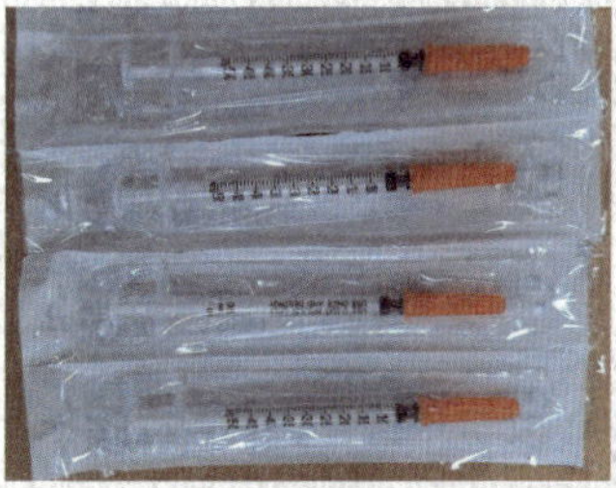

▲海洛因注射針筒。

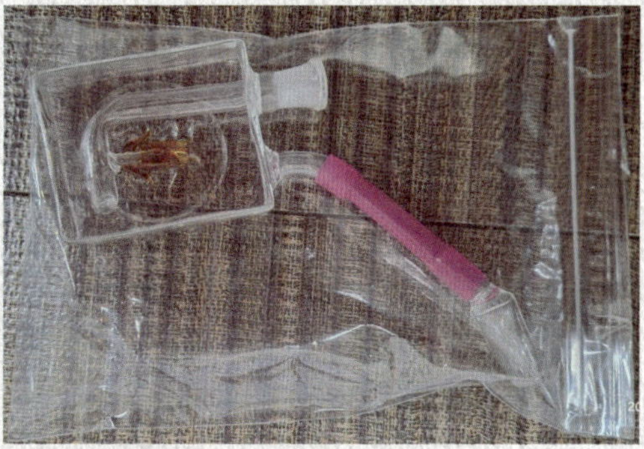

▲安非他命吸食器。

火災篇

Q 怎麼判斷起火點？

A 正常情況下，火焰會由下往上發展，且越往上痕跡範圍越大，以 V 型或半 V 型呈現。在 V 型最底部，最可能為起火點，若有向下延燒等不正常擴張痕跡，就要懷疑可能是人為縱火。（見第 5 章）

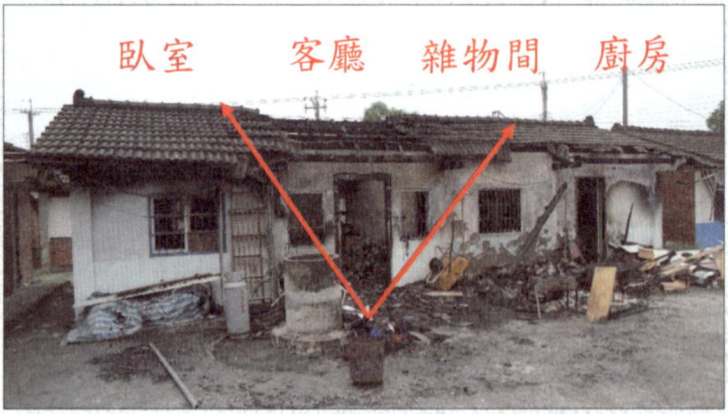

▲ V 型角度越小代表燃燒速度越快。

▲木頭燒毀嚴重區域會出現鱷魚皮紋路。

▶現場發現多處橘色燒熔物，由此可以判斷是人為縱火。

◀右邊塑膠飲料箱未燃燒熔化，上方嚴重，代表並非由下方起火。

▶照片右方圈起處沒有物品，但燒得最嚴重（由機車狀況可以看出），代表該處有縱火劑。

槍枝篇

Q 臺灣禁止持有槍枝，那玩具槍呢？怎麼鑑定有無殺傷力？

A 依規定只要是使用 6 mm 塑膠 BB 彈，總動能低於 2 焦耳，或是彈丸單位面積動能在 20 焦耳／平方公分（足以穿入人體皮肉層之標準）以下，就可自由製造或販售。

目前實務上初步認定火藥槍是否具有殺傷力的方式，包括目視檢視（觀察證物外觀、材質、結構……）、油泥深度檢測、空槍測試等。（見第 7 章）

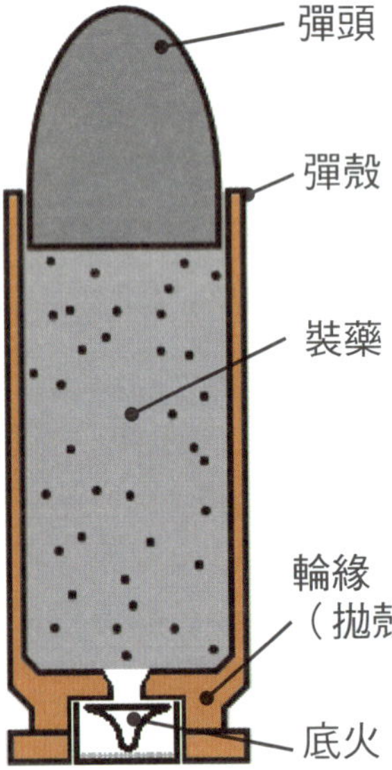

▲以油泥模擬槍枝打擊底火功能。

◀子彈是由彈頭、彈殼、裝藥、輪緣、底火等組成。（圖片來源：維基百科）

空氣槍測試時，會實際操作槍枝之儲氣、洩氣、放氣等相關機械結構裝置，若其結構與功能良好，可正常洩放氣體，再以初篩檢測箱實施試射（見下圖），若能擊穿鋁板，須再進一步送驗檢測有無超過法定標準。

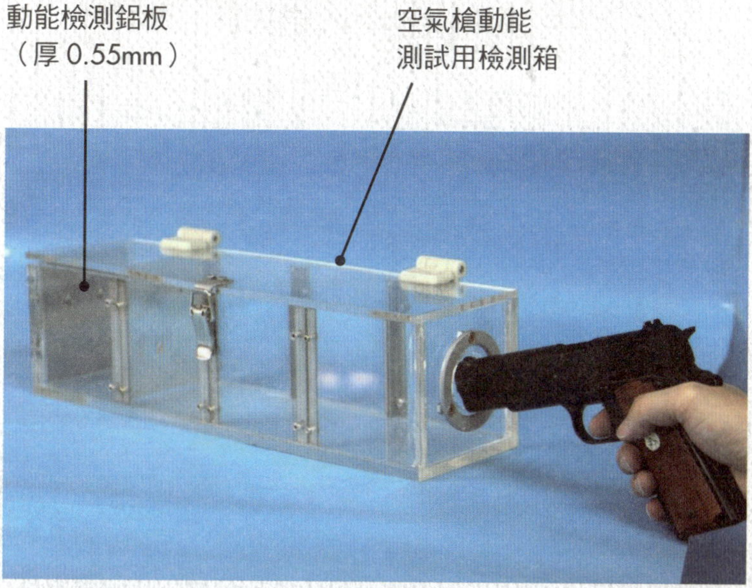

▲空氣槍測試以 0.55mm 的鋁板可承受 16 焦耳／平方公分作為標準，若能擊穿鋁板，表示動能超過，須再循槍枝送驗程序送認證槍彈實驗室檢測，如果超過 20 焦耳／平方公分，即判定具有殺傷力。

▶子彈穿透玻璃時會留下同心圓與輻射狀裂痕。

▲改造名片型槍枝。

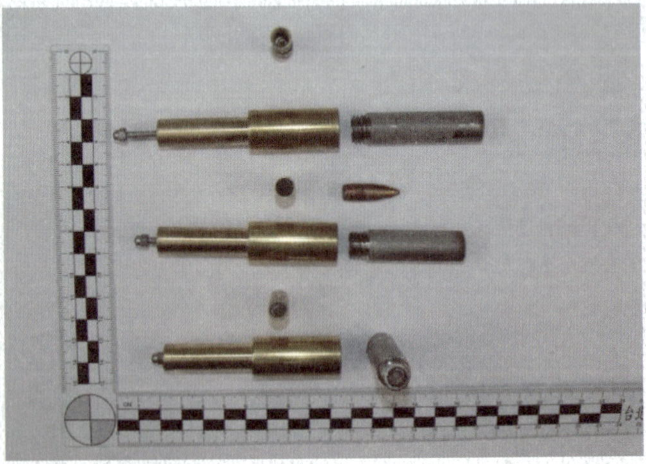

▲以兩節鋼管製成之土製手槍。

各界推薦

本書娓娓道來之現場鑑識，皆為震撼社會的驚悚大案，現場雖為證據之寶庫，仍須勘察人員憑藉其辨識邏輯與現場重建以拼湊案件輪廓，然現場勘察卻猶如盲人摸象，失之偏頗，恐成懸案！本書兩位作者皆游刃於現場勘察多年，猶如名師指導，必能引領見識鑑識，嘉惠讀者！

——中央警察大學刑事警察學系教授兼科學實驗室主任／白崇彥

臺灣鑑識圈最頂尖的權威人士謝松善主任，與曾春僑副教授合作撰寫的《臺灣超級大案鑑識現場》，是一本融合犯罪故事與鑑識科學的經典之作。書中不僅展現鑑識科學在偵辦重案中的突破，更深刻探討犯罪背後的人性與正義，對於熱愛犯罪故事與科學推理的讀者絕對不能錯過！

——人氣YT頻道「單程旅行社」／郭憲鴻（小冬瓜）

好看！對一個犯罪故事編劇來說，作者謝松善老師，真是個會說故事的人。本書由一個個臺灣真實重大刑事案件開場，在詳述懸疑案情的過程中，巧妙的介紹刑事鑑識專業在破案過程中的關鍵地位，令人欲罷不能，想要一案接一案，不停的看下去。

——犯罪故事編劇／黑米

「阿善師」——謝松善、曾春僑兩位資深鑑識專家，應該沒人不認識吧？這麼和善的兩位老師，多年實務經驗竟然是默默和罪犯鬥智！在本書中，兩位老師融入多年刑事鑑識經驗，深入剖析駭人聽聞的刑案，讓讀者在震慄人性黑暗之餘，也沐浴了一堂刑事鑑識科學，由心感受科學與邏輯的力量，以及對人性與正義、真理有更深的發現和理解。

——資深藝人／陳為民

作者以虔敬的心面對生命、用認真負責的態度來執行專業鑑識，一心一意的找尋命案真相，釐清各種訊息之間的矛盾，更是無怨無悔的扮演著「生命最終說明者」的角色——細膩勾勒出生死邊緣的真相之旅，並在正義追尋下揭開生命最後的祕密。

書中流淌著對生死的感悟，提醒我們珍惜每一個活著的瞬間。有幸擔任兩位大師的推薦人，除了興奮，更多了一份惶恐。相信阿善師的熱情及春僑老師的內斂，動靜之間必能為書激起震撼的火花。

——清華大學及陽明交通大學兼任助理教授／楊敏昇

鑑識科學在當前的刑事司法領域中扮演著至關重要的角色，其涉及犯罪事件與現場跡證的蒐集、分析與解釋。而鑑識人員則是實踐這份專業的靈魂人物。本書各個犯罪案件中，作者完美詮釋了真正的科學精神，秉持勿枉、勿縱，唯依良心的態度，謹慎、細心且客觀看待各個證據。知科學之限制，方能真正理解科學，相信這份對於專業的追求，必定能帶領讀者們看見鑑識與偵查人員努力實踐正義的過程。

——國立彰化師範大學輔導與諮商學系副教授／葉怡伶

鑑識是科學辦案的基礎，它能找到真凶、也能避免冤案，更是找回真相的關鍵所在。這本《臺灣超級大案鑑識現場》可說是前一本（《臺灣大案鑑識現場》〔任性出版〕）的Plus版，期待謝松善老師、偵查專家曾春僑副教授解析更多的臺灣大案！

——犯罪、懸疑主題網路媒體／疑案辦

我跟阿善師一起錄影過，對他印象很深，他的手掌很厚實，就像他的為人一樣，讓人覺得特別踏實、可靠。他在鑑識領域打拚了三十多年，參與過很多重大案件，真的很有經驗。而曾春僑副教授在現場勘察和測謊技術上也很厲害，學術背景更是扎實。這本書結合了他們的專業，講鑑識怎麼在重大案件中發揮關鍵作用，讓人對真相背後的努力有更多了解，真的很推薦大家讀這本書。

——YouTuber 異色檔案 —DK

編輯《臺灣超級大案鑑識現場》時，臺灣又發生了一件超級大案：高雄連續殺人分屍案；七十一歲的林姓婦人被通報失蹤，最後證實被張姓凶嫌殺害，屍體還被分解，丟進高雄前鎮區的運河。

更勁爆的是，經警方查證，受害者居然不只一人，左營區的張姓婦人及凶嫌的黃姓大嫂早已陸續被殺。在本書出版前夕，打撈人員已尋獲了五十四塊屍塊，和許多像是頭皮、胸部等組織。案件過程越來越駭人聽聞，光要弄清楚這些撈上來的組織到底誰是誰，就是浩大工程。（會不會驗完DNA發現，竟然還有第四個人？）

看到警方和鑑識人員在已尋獲的遺骸中，辛苦的拚湊和還原犯罪現場，我不禁想到臺灣鑑識權威謝松善老師說的：「鑑識，是替受害者發聲的最後一道防線，也是追求真相與正義的第一步。」

每個超級大案，都是鑑識人員用科學、心理學、偶爾靈異，和嫌犯鬥智，希望這次的高雄分屍案也能儘早水落石出，還給受害者應有的正義。

——大是文化總編輯／吳依瑋

推薦序一

沉默的破案英雄

——永然聯合法律事務所所長／李永然律師

以科學證據為基礎的偵查，始終是保障人權的重要支柱，不僅能提升證據的準確性和司法的公正性，還能深入剖析犯罪背後的成因，建立系統性數據資料，預防類似案件再次發生，也能夠提升民眾對政府和法律制度的信任，增加社會安全感。

古代早有類似書籍記載，例如南宋提刑官宋慈所著的《洗冤集錄》，堪稱是世界最早法醫學著作，系統描述鑑驗屍體與死因判斷步驟；明代名醫李時珍著作的《本草綱目》，記載許多毒物鑑定方式；明朝著名發明家宋應星的《天工開物》，則提及以火災痕跡分析起火原因，或是用冶金學知識檢驗武器傷痕等，展現了古代科學與實務結合的智慧。

然近年來部分案件因外部壓力、司法制度缺陷、破案時效限制、錯誤的績效評比制度，或人性怠惰等因素，導致真相至今仍不明，但幸好幕後始終有一群人默默耕耘，以「鑑識科學」為基礎，體現科學辦案的核心價值，而本書作者即是其中代表。

本書兩位作者，一位是前臺北市警察局刑事鑑識中心主任謝松善先生，警職生涯專注現場勘察工作，累積了豐富的專業經驗。另一位是臺灣警察專科學校副教授曾春僑博士，過去在第一線執勤時，擅長於將刑案現場勘察與當事人訪談相結合，並運用測謊，反覆驗證。本書兩位作者長期深入凶殺現場進行分析，結合人證、物證與書證，深入剖析當事人的內心世界。

本書不僅詳盡描述刑案現場的情況與發生過程，還深入探討事件的前因後果，引導讀者了解犯罪者的心理動機。在當今「功利主義」盛行的社會中，閱讀本書尤為發人深省，提醒人們凡事應三思而後行，以免釀成終身遺憾。作者將重要刑案編輯成書，具有極高的教育與警示意義，因此，我非常樂意向大家推薦這本具有啟發性與警示作用的難得佳作。

推薦序二

鑑識微塵之真，尋索罪惡之隙

——立達國際徵信有限公司執行長／謝智博

真相總在迷霧與混亂中隱伏。當真相乍現，便如佛家所言，千年暗室，一燈即明。作為一名偵探業工作者，我深知在暗處尋找答案的難度，也深知那一抹微光能帶來的震撼與啟發。在這條路上，阿善師——謝松善老師以鑑識專家的身分，堅定的為真相奔走，點亮了無數迷局。對他，我心懷敬佩，更時常以此自勉。

阿善師給人的印象，不僅在其豐功偉績，更在於他的執著與專業。他將犯罪現場視為拼圖，用鑑識科技逐一復原真相的全貌；他如明察秋毫的雕刻家，用理性剖析罪行的核心。而我，一個從事偵探行業的阿宅，常以此反思：究竟，我所追尋的真相為何？

偵探與鑑識，看似殊途，實則同歸，我們的使命，皆是為解答眾人的疑惑，為被掩埋的正義發聲。

我曾有幸與阿善師在廣播節目中對談。那一日，他侃侃而談，聲音中透著豪爽，話語中滿是情義。曾幾何時，鑑識單位甚是冷門，少有人問津。但經過他數十年的砥礪，逐步崛起，從無到有、由小到大，如今已成為警界重要支柱、擁有獨立鑑識中心，更是警校的熱門專業。他憑藉堅持與熱忱，改變了整個鑑識領域的格局，甚至撼動了無數青年學子的職涯方向與夢想，多麼令人欽佩！

《臺灣超級大案鑑識現場》以一場場經典案件為經，以人性、科技與犯罪心理的交織為緯，縱橫勾畫出鑑識世界的精彩與深度。書中的第一部，帶領讀者進入臺灣超級大案的鑑識現場：八里媽媽嘴雙屍命案、台北W飯店毒趴命案……每一個案件的再現，都是一場知識的洗禮，更是對犯罪背後真相的最有力剖析。第二部深入人性黑暗面，金金銀樓搶案、景美電腦行強盜殺人案、十三姨KTV殺人事件，折射出人性的不可捉摸，也讓人不禁慶幸現代鑑識科技的制衡之道。第三部則恢弘的展示了鑑識科技的進步，從溪湖國中女教師張玉青命案到一銀

ATM盜領案，再到駕駛不明及遊覽車翻覆的車禍鑑定，每個案例都在訴說著，透過鑑識科學的力量與犯罪者的智慧角逐，是現代司法實現正義的最強根基。

翻閱此書，我時常懷有一種複雜的情感。一方面，為案件中的受害者感到不忍與唏噓；另一方面，對於犯罪心理中展現的人性幽暗，也讓我不禁感嘆人心之險。回想自己過往辦案的經歷，那些企圖隱藏真相的人、那些懷抱希望委託調查的人，皆在我腦海中一一浮現。偵探與鑑識雖有別，但透過阿善師的分享，我更加明白，我們所做的一切，不過是為了塑造出更透明的世界、更公正的社會。

誠如俗語所說：天網恢恢，疏而不漏。這是鑑識科學存在的意義，也是每一位追求真相者的信念。謝松善老師以他的專業、細膩與睿智，為我們打開了一扇窗，讓我們看到光，也看到陰影中的希望。我們堅信，無論事實被如何隱匿，終會有一線光明將真相揭示於世。

我誠摯推薦這本《臺灣超級大案鑑識現場》，無論你是對鑑識科學感到好奇，還是鍾情於探查真相，抑或僅僅是想了解人性的多樣面貌，都能在書中找到並發覺屬於自己的啟示。

自序一

退休、從體制走出，只為推廣鑑識科學

臺灣鑑識權威、前臺北市警察局刑事鑑識中心主任／謝松善

自民國一〇〇年八月退休，迄今已有十四個年頭，我也將屆七十歲。退休時，我曾在媒體發表一則〈退而不休的宣言〉，想要退除警察的框架及公務的束縛，做想做的事，講想講的話。站在權力的對立面，以專業的立場，給予善意的監督與建言。十四年過去了，一切似乎改變不大，雖有進步，但民眾依然無感。一般意見會受到重視，都是透過媒體的大幅報導及民意的激烈抗爭，才會有大破大立的改變，如洪仲丘案[1]即是如此。由於我已退休，不具公務員的身分，力量有限，只好利用上課、演講、寫書、接受媒體邀約做刑案專業評論、指導偵探影劇科學

辦案技術、協助律師或當事人私人鑑定，或專業諮詢等活動，企望能影響制度的改變。但是人微言輕，根本起不了什麼大作用。

不過我並不氣餒，因為生命的長度有限，只有在生命的寬度上，盡其在我，留下紀錄，問心無愧，當生命「終了之日」來臨時，不會徒留遺憾。

《阿善師的告白——一位老探長的鑑識實錄》是我的第一本書，後來再修訂改編為第二本書——《臺灣大案鑑識現場》（任性出版）。因為兩本書的反應還不錯，為了擴大讀者層面，再分享更多的案例與經驗，所以我蒐集國內非常經典或重大的刑案，做專業的評論與分析，傳播個人專業的知識，為實現鑑識科普的理念，略盡一點社會的責任。

為了實踐個人理想，我還有跟正聲廣播公司名主持人黃子榕，共同製作主持網路 Podcast 節目《阿善師鑑識實錄》，專門講述及分析刑案，全世界都可收聽，**每集聽眾人數約有五萬多人**，流量排名也在前段。我們的節目已做了五年多，累積了兩百多則寶貴的案件資料，再加上我上節目評論刑案所蒐集的案例，總計有四百多則經典刑案。我從這四百多則經典案例中再挑出十一件超級大案，請節目製作團隊黃子榕及張亦萱（張亦萱是我在東吳大學教授「刑案現場鑑識理論與實務」課程的學生）來協助撰寫。

物證科學是「有一分證據，說一分話」之求真、求實精神，犯罪偵查及法庭審判均必須講求科學證據。經由現場之勘察分析及物證之蒐集檢驗，再配合偵查所得及法醫調查結果，與其他資料進行可能的組合推理，重建研判案件發生經過與了解犯罪事實真相，以證明嫌犯身分及確認犯行。

刑案現場處理及刑事鑑識是分項專業的工作，可以提供犯罪偵查重要的訊息，但整體犯罪偵查、刑事鑑識與司法審判是整合性的工作，非團隊合作難竟全功，必須結合司法、偵查、勘察、鑑定、法醫及其他專家意見，並嚴格遵守程序正義，才能獲得正確的審判結果，真正達到勿枉勿縱的目標。

這本書不僅介紹鑑識科學，更是對刑事案件中隱藏的社會問題、人性面貌的

1 指二〇一三年七月四日，役男洪仲丘在退伍前兩天不幸離世，他的家人控訴軍中的霸凌及不人道操練，是他最主要的死因。

深刻反思。我想強調的，不僅僅是追求一個鑑識的結果，更要理解鑑識過程的邏輯，不是單純的技術探討，而是如何將科學與人文相結合，最終得到對人性與正義的更深理解。對於一般讀者來說，這本書既是一本精彩的懸疑故事集，也是一堂生動的刑事鑑識課。透過書中的案例，你將領略到科學與邏輯的力量，學會如何以細緻入微的視角，觀察周遭世界的每個微小變化。對於專業鑑識人員或對鑑識有興趣的讀者，這本書無疑是一本頗具價值的學習資料，它不僅提供技術層面的細節分析，也啟發了對鑑識職業道德與責任承擔的深刻省思。

此次出新書，我邀請了臺灣警察專科學校副教授曾春僑共同編撰，非常感謝他樂意幫忙。他是我還在職時的同事，後來外調南投縣警察局，再轉調警專當老師。曾老師除了有豐富的現場鑑識的理論基礎與實務經驗外，也擁有中央警察大學犯罪防治研究所的博士學位，專攻犯罪學與測謊。

本書得以順利出版，除了感謝共同編撰的警專副教授曾春僑，以及《阿善師鑑識實錄》製作團隊黃子榕及張亦萱協助撰寫，還要特別感謝嘉義縣警察局鑑識科科長程志強提供資料與協助校稿。請接受我心中誠摯的感恩，謝謝大家！

自序二

鑑識是守護人權重要基石

臺灣警察專科學校科技偵查科副教授／曾春僑

在以證據為基礎的現代司法體系中，刑事鑑識為揭開案件真相關鍵工具之一，更是守護人權重要基石。然隨著資訊快速傳播，犯罪手法不斷更新，執法者也必須持續精進，開發新式鑑識技術，以保持破案優勢地位。在我警職生涯中，一直從事於犯罪偵查工作，最初服務於臺北市政府警察局，追隨謝松善主任學習，開始接觸當時各類重大刑案現場，後因慈母過世，考量當時老家狀況，因此自願降調回南投縣警察局服務，開始頻繁支援分局各項偵查工作。

在兩種截然不同的環境下，有幸見識到都市與鄉村迥異的犯罪現場，例如山區較難以監視器或通訊監察追蹤，但人際關係連結較為緊密，故常需要靠人員情報再行發動鑑識作為；又如都市毒品案常見酒店轟趴聚會，山區常為製毒工廠，且會依據市場流行狀況衍生不同製程。每一處案件勘察都是一種挑戰，讓我更深刻體會鑑識科學運用的奧妙。

每一個刑案背後代表一連串悲傷的故事，例如偷拍並透過光碟或網路散播案，讓在生活中努力衝刺的女士，人生從此不再彩色；因感情因素，將葡萄催芽劑[1]摻入米酒，導致連續多人中毒死亡事件，造成許多家庭瞬間喪失經濟支柱；麻布袋之狼案，讓許多被害者被迫一輩子承受身體與心靈巨大傷痛……每當回顧這些案件，內心除了痛心外，也會思考如何將所獲得的知識，轉化為最大運用效益。

國內執法機關重大刑案破案率遙遙領先各國，偵破案件後可藉由訪談驗證偵查與鑑識結果；未偵破案件，則希望能由行為態樣分析修正偵辦方向，期待撥雲見日的時機。

現場勘察除了由證據知悉犯罪者身分與做案手法外，更可配合訪談、背景資料等訊息，由犯罪心理角度出發，剖繪行為態樣代表的意義，因此開啟我出國學習測謊工作的契機，並陸續將行為分析技術運用於各種犯罪偵查工作中。或許因技術限制，仍有部分案件尚無法釐清，但警方職責就是盡可能將所有正反面證據完整呈現，提供檢察官與法官使用，也因此過去參與偵辦之重大刑案中，有部分尚未破案或各界有不同看法，遇到此類案件時，只能期許自己努力向前，嘗試以不同技術開啟破案契機。

由近期高雄發生的連續殺人分屍案件各項執法作為，更可驗證上述過程的重要性，從失蹤通報後之數位證據調查、血跡與微物分析、工具痕跡、身分辨識、水域搜索、犯罪心理、現場重建、借提嫌犯與偵訊等，過程中結合公部門各領域專家及民間自願者，因此更期待透過本書能將各種偵查觀念歸廣至社會大眾，讓全民均能參與治安工作。

從事教職後我發現，除執法者外，許多領域對鑑識科學亦有不同程度的需求，

1 又稱二氯乙醇。在工業上，可作為溶劑、潤滑劑，農業上則可作為馬鈴薯及葡萄的催芽劑，但因毒性強屬非法農藥，六十公斤的成人只要攝取五毫升就足以致命。

如律師、影劇、藝術、金融、地政、媒體、保險等，故於學術研究之餘，開始嘗試以科普化方式介紹鑑識相關資訊，並逐步擴及至一般民眾。欣逢過去服務單位長官謝松善主任出書介紹過去發生的重大刑案，邀約筆者共同撰寫，期望本書能成為大眾了解刑事鑑識的重要窗口，啟發大家對法治與正義的深刻思考。

第一部

臺灣超級大案鑑識現場

1

現代版龍門客棧

── 八里媽媽嘴雙屍命案，民國 102 年

我們常說「知人知面不知心」，但它還有上半句，就是「畫龍畫虎難畫骨」。這個比喻告訴我們：人與人的交往要更加謹慎，因為我們很難從表象去看透真正的本質，尤其在利益之前，沒有什麼敵人，更沒有所謂的朋友。在現今混亂的社會，除了我們不做害人之事，防人之心還是不可無。

像是發生在民國一〇二年，震驚全國的八里雙屍命案，也就是大家熟知的媽媽嘴命案，凶嫌謝依涵在看似清純、開朗的面具底下，居然藏著蛇蠍心腸，利用擔任媽媽嘴咖啡店店長的職務之便，除了殺害對自己非常友好的富商夫婦外，更將身旁的人全部拖下水一起陪葬，甚至在辦案過程當中謊話連篇、不斷翻供，耗費大量偵查資源，最終被判無期徒刑定讞。

這起案件要從民國一〇二年二月二十六日說起。風光明媚的八里是大家休閒的好去處，騎腳踏車、紅樹林畔散步，非常愜意舒適。不過，就在當天中午十二點多，紅樹林岸邊漂來一具男性浮屍，讓遊客嚇一大跳、馬上報警。警方及鑑識人員立刻圍起封鎖線，開始打撈屍體、進行採證，但屍體已經浮腫、面容難以辨認，是失足落水？自殺？還是另有隱情？

警方比對指紋後隨即查出他的身分，是住在附近別墅的富商，叫做陳福進。七十九歲的陳福進，曾在日本大學教書，他也是日本沖繩兩座無人島的島主，家境富有、政商關係也良好；而太太張翠萍五十八歲，是實踐大學餐飲系副教授。

根據家屬表示，陳福進在二月十六日晚間與太太外出後，兩人就音訊全無，學校已經開學了卻找不到教授，家人也聯繫不到，隨即報警。

二月十八日警方曾到家中查看，只發現桌上遺留尚未收拾、已發臭的飯菜。調閱兩人手機通聯紀錄與監視器後發現，兩人最後的身影是在八里媽媽嘴咖啡店附近，但再往前走就是河岸自行車道，那裡並沒有監視器、也沒有商家，所以這就是夫婦兩人最後的畫面。而丈夫的遺體被發現後，太太依舊下落不明，也讓案件陷入膠著。

沒想到在幾天後的三月二日，距離陳進福遺體發現處三十公尺的岸邊，又漂來另一具女性浮屍，附近咖啡店店長通報員警，證實就是失蹤的張翠萍。陳進福夫妻倆平常感情很好，時常一起到八里河岸邊散步、談心，多年來也時常到這家咖啡店作客，跟店員的關係非常密切。在遺體被發現後，記者還到店家採訪，咖啡店店長談著與富商夫婦間的種種故事、面露哀傷。但沒想到過幾天後，檢警單位居然反過來大規模搜索這間咖啡店。

衰老闆遭誣陷成凶手

原來法醫在相驗遺體後發現，這兩人的蝶竇、氣管都沒有進水現象，應為死後落水。因為如果是生前落水，會有呼吸運動，所以在氣管或肺部都可能有河水的成分，而蝶竇是在顱底深處、鼻咽頂部，如果是在生前落水，蝶竇會有吸入水的情況。反之，如果是在死後落水，因為沒有呼吸，所以在蝶竇、氣管或肺部，就不會有進水的狀況。而且兩人頸部、胸部都有多處明顯刀傷，警方研判這起八里雙屍命案應該是殺人棄屍，故從原本的落水意外、朝向他殺方向調查。

警方研判，凶手會選在八里和淡水一帶棄屍，是因為此處有許多紅樹林，淡水河會隨著漲退潮的水位有所變化，紅樹林的底下又都是爛泥巴，把屍體棄置在此處，可能是希望藉由河水的漲潮與退潮，讓屍體流到主河道，然後沖到海裡來毀屍滅跡。

雖然因為紅樹林的木本植物將屍體擋住、沒有流向大海，不過河水漲潮時，屍體可能被泥巴淹蓋住，讓屍體上的部分微物跡證被河水、泥巴等破壞，再加上屍體可能已經棄置好一段時間，所以遺體以及發現的現場，可以採集到的跡證非常少，也不利於案件的偵辦。

在陳進福遺體被找到的隔天，二月二十七日，太太張翠萍還沒被發現時，她的金融卡在彰化銀行天母分行被人盜領未遂。三次輸入密碼失敗後，改拿存摺和證件到櫃檯領錢，但被行員識破詭計。警方以車追人、調閱車籍資料後發現，盜領人就是戴著假髮、變裝的媽媽嘴咖啡店店長謝依涵。而再過幾天，在紅樹林岸邊發現張翠萍遺體的報案人，也是謝依涵！警方就覺得事有蹊蹺，立即成立專案小組全力追緝。

謝依涵長相清秀、個性活潑開朗，對客人及鄰居都非常和善大方，她從大學時期就在媽媽嘴打工，是店裡第一批工讀生，也在畢業後轉為正職，她在擔任店長五年期間（民國九十七年九月至一〇二年三月初），將咖啡店經營得有聲有色。

甚至曾接受電視外景節目採訪，落落大方的介紹咖啡的品種及沖泡技術，而死者陳進福也在節目中現身分享，對媽媽嘴的咖啡更是讚不絕口。四年下來，陳進福和謝依涵已經漸漸超越咖啡店員工和熟客之間的關係，甚至要認相差四十九歲的謝依涵為乾女兒。對此，太太張翠萍非常不以為然，兩人還因此差點鬧翻。

三月六日下午，六名檢察官，帶著六十多名警察、執法人員大規模搜索媽媽嘴咖啡店，帶回電腦、平板、手機等證物，因為檢方認為咖啡店店長謝依涵與祝姓男友涉嫌重大，而老闆呂炳宏、股東歐石城及友人鍾典峰等人，也都被一併帶回警察局配合偵訊。訊後謝依涵、呂炳宏、歐石城及鍾典峰四人涉有重嫌，依涉犯殺人罪、有串證及湮滅證據之虞，向士林地方法院聲請羈押禁見。

另外，根據咖啡店其他員工表示，案發當晚，有看到謝依涵全身泥濘的回到咖啡店，被問說為什麼如此狼狽時，她辯稱，因為有東西掉下水，為了撿東西才會弄得全身髒兮兮。

一切的證據都指向這位看似清純的謝依涵，警方隨即策動將跟她結婚的男友出面動之以情，謝依涵才潸然淚下，坦承犯行。不過她也驚人的供出：咖啡店老闆、股東和另一名友人一起共同涉案，還演說了一套完整的下藥、行凶、棄屍等精密分工殺人計畫。

謝依涵被捕後宣稱，當天是她騙富商夫婦，說老闆呂炳宏孩子滿月，邀請他們一同慶祝，並在他們的飲料裡下藥，在恍惚之中騙說要借錢，帶著夫妻倆上車看抵押物，一上車就被逼迫交出存摺、印章和提款卡，但張翠萍抵死不從，其他同夥才憤而行凶殺人。之後，三名共犯先將陳進福棄屍在咖啡店旁的淡水河畔，另外將張翠萍的屍體藏在股東位於三重的住家，但之後因為怕被發現，又把屍體載回咖啡店附近棄屍。

老闆呂炳宏被控因為咖啡店擴店急需資金，才將歪腦筋動到熟識的富商客人頭上，並策劃了整起殺人案。不過，檢方複訊後，因為有謝依涵變裝盜領錢的監視器影像作為鐵證，所以只有謝依涵一人收押禁見，其他三人分別以老闆呂炳宏三百萬元、歐姓股東五十萬元、鍾姓友人三十萬元交保。

就在其他三人交保隔天，謝依涵馬上翻供辯稱說，是剛好撿到錢包才去銀行盜領存款，之前會認罪只是因為警方已經編好一套說法、要她認罪，她覺得一直被問很煩才會認罪。此一說法，讓檢警單位備感壓力，希望能盡快找到線索，偵破此案。在此同時，這起案件引發各家媒體大篇幅頭版報導，並表示整起殺人案都是出自老闆呂炳宏之手，更形容這根本是「龍門客棧」的翻版。不過，辦案講求的是證據，那連結犯罪的跡證到底在哪？

警方馬上進行大規模的搜索，並且調閱沿路的監視器影像。為了尋找更多線索，檢方請警察單位支援十七位鑑識人員，在屍體發現地的紅樹林，使用方格法進行仔細的搜索。因為紅樹林底下都是爛泥巴，而且範圍非常廣，不利於採證，所以在這種特殊刑案現場，都會用方格法來進行地毯式的搜索採證作業。先以河道或樹木為基準點，劃分一格一格像棋盤狀的區域，然後安排多位鑑識人員來一一負責，以求全面完整。不過，在紅樹林裡採證，會有許多植物擋住，所以會用紅色的旗子綁在竹竿上，並插在搜索區域發現證物的地方來作為標示。方格法一般都會用在比較寬闊、面積比較廣大的刑案現場，或是比較不利於移動的地點，像是泥濘的爛泥巴地等處。

在警方鍥而不捨的一格一格搜索後，在距離棄屍地點不遠處，發現了一把水果刀、刀鞘，及眼鏡等。原本以為咖啡店的倉庫是案發第一現場，卻沒在那發現任何血跡。接著檢警獲報，在附近的廢棄洗衣店廠房曾傳出臭味，也在這裡採集到疑似的血跡，所以檢方研判這裡可能就是藏屍的地點。而且富商夫婦最後的監視器影像中，陳進福是穿藍色的褲子，但遺體被發現時是穿紅色的褲子，不排除是凶嫌在他死亡後，在洗衣廠內為死者更換衣物。不過，最後證實，疑似的血跡並不是富商夫婦所有，這條線索因此又斷了線。

三月十二日檢方提出證據抗告成功，加上有人目擊，在發現陳進福遺體的前一天二月二十五日傍晚，老闆呂炳宏在店門口燒紙錢，且金紙店的老闆及老闆娘更指證歷歷表示，二月十六日呂炳宏和謝依涵到店裡購買燒給往生者的冥紙。加上富商夫婦失蹤當天，呂炳宏聲稱是在咖啡店辦公室裡徹夜算帳，待到凌晨一點，卻提不出任何證據，檢警認為他涉案的可能性高。

不過羈押庭上法官認為，呂炳宏等三人沒有新事證連結涉案，所以無更改裁定的必要，再度以原金額交保。後來，警方調閱當天金紙店附近監視器，及呂炳宏當時的手機定位，沒有發現他跟謝依涵的影像，手機定位依然是在媽媽嘴咖啡店的位置，才證實金紙店的老闆夫婦看走眼了。

謊言亂偵辦，測謊破心房

膠著的案情、沒有直接有力的證據，讓整起命案成為大眾討論的焦點，新聞媒體的頭條，也紛紛連載案件最新進展，甚至連國際鑑識專家李昌鈺博士都表示，願意飛到臺灣協助調查。最後，檢方將焦點鎖定在謝依涵一人身上，認定她就是一人犯案。

其實整起案件最大的爭議點就是：一個弱女子，真的有辦法在短時間內殺掉兩個人嗎？當時在媒體的評論上，幾乎所有人都認為不可能，應該是有共犯合謀犯案。那時我也有上媒體做案件分析，不過，只有我提出不同的看法。我認為一人犯案是有可能的，因為被害者兩人都是處於昏迷的狀態，如果分別抬出去殺害，並且丟棄在紅樹林，這種可能性也不能排除。

三月中旬，謝依涵接受刑事局測謊，刑事局測謊專家林故廷擬定四個題組，包括：「殺害陳進福、張翠萍共幾個人參與？」、「殺害的地點在何處？」、「張翠萍是誰殺的？」、「凶刀是誰的？」前兩個問題，謝依涵在一人犯案出現明顯反應，以及第一現場是在紅樹林，這兩題未說謊。

不過，在後兩題謝依涵供稱是「陳進福殺了張翠萍」，以及「凶刀是陳進福帶去紅樹林」，這兩個說法都出現說謊反應。林故廷隨即拿出測謊圖譜說：「妳說謊喔！」她當場語塞，林故廷隨即說服她說：「應該給家屬及社會一個交代，尤其不要再讓媽媽為妳擔心了。」謝依涵因此崩潰大哭，坦承犯行。

她表示，陳進福跟她不只是乾爹、乾女兒的關係，且陳進福經常送她珠寶首飾，甚至資助她一年九十四萬元。但後來被太太張翠萍發現阻止，並約到陳進福家中談判，被張翠萍大罵不要臉，因此萌生將張翠萍及陳進福殺害的念頭。這也是謝依涵首次承認整起案件，是她一人所為。

就在謝依涵測謊承認命案是她一人犯案後，檢察官也立即對呂炳宏等三人作出不起訴處分。

其實，警方早就掌握，在夫婦倆失蹤後，謝依涵曾經扮老偽裝是張翠萍到北投農會，想盜領保險箱財物被識破，也曾在ATM及臨櫃盜領存款失敗。不過，卻曾成功盜領陳進福陽信銀行三十五萬元存款，加上她和男友即將結婚，需要大筆結婚資金，可能因為一時財迷心竅，才痛下毒手。警方也在謝依涵於北投農會承租的保險箱當中，發現盜領當天變裝的衣物，還有夫婦倆的存摺、印章和保單。

警方也發現，在岸邊被發現的兩具屍體，泡水、腫脹、腐爛的程度與事實差異非常大，因此也在中途改變偵辦方向。根據到現場的殯葬業者表示，如果陳進福已泡水十天應會嚴重的腐敗，可能一觸摸皮膚就會破掉，但依當天屍體狀況，像是泡水一、兩天，身體泛白而已。而且陳進福佩戴的帽子在遺體旁邊，如果經歷十天的潮水漲退，帽子應該早就不見，又張翠萍在十四天後被發現，但只有腹部有明顯腫脹，不像是泡水十天以上的感覺。

被逼急的謝依涵第三度翻供，講出第四套說法，說她與陳進福有不倫關係，甚至曾被下藥性侵，陳進福也想殺太太張翠萍，更說她最後會將兩人都殺害只是為了斬斷這段不倫關係，試圖塑造自己是被害人的形象。被害者家屬對此說法，非常不以為然，更痛批這說法，根本是在傷口上撒鹽，抹黑死者的人格。

四月十二日，士林地檢認定謝依涵在民國九十九年九月開始就有犯意，以失眠為由，向診所取得安眠藥共二十一顆，自己服用三顆，其他用來下藥迷昏夫婦兩人。故依涉嫌強盜殺人罪、詐欺取財罪、竊盜罪、傷害罪、偽造文書罪等五項刑事罪名，將謝依涵提起公訴。呂炳宏等三人因有不在場證明，獲得不起訴處分。

法院判決指出，案發當天謝依涵將兩人約到店裡，並事先在咖啡與巧克力飲品中下藥，迷昏兩人後，她假借攙扶回家之名，將他們拖到店外一百五十公尺處的紅樹林，持刀將兩人殺害，法官認為兩人是在隔天凌晨三點左右才死亡，並認定謝依涵有能力獨力犯案。不過被害者家屬不相信一名女子能獨自犯案，而與她最親密、且論及婚嫁的祝姓男友，也被認為早就知情並且共同犯案，故也對祝姓男友提起告訴。

民國一〇二年八月二十七日一審時，謝依涵爆出驚人言論。法官詢問，陳進福從什麼時候開始贈與金錢和珠寶?謝依涵當庭說：「從我們第一次發生關係後。」甚至說出了陳進福的身體特徵。不過警方早就在陳進福家中仔細搜索，在床上、廁所等處採集的毛髮或衛生紙等物品，根本沒有發現謝依涵的ＤＮＡ[1]，而她所描述的身體特徵也是普通成年男性的樣態，這也戳破她偽造不倫戀的謊言。同年十月二十九日士林地方法院一審，認為謝依涵至今毫無悔意、難以教化，量處死刑、褫奪公權終身。

二審、更一審謝依涵也都獲判死刑，沒想到在更二審出現逆轉，改判決無期徒刑。一直到了民國一〇六年四月十九日最高法院駁回上訴，理由是評估本案被告自幼失去父親，在成長、求學過程表現正常，無前科紀錄、在獄中表現良好、經專家評鑑後，認為再犯機率不高等因素，判決謝依涵無期徒刑定讞。

能言善道的謝依涵，在庭上或與獄中牧師懇談時，時常講出動人肺腑的金句，像是她曾說：「對於我有沒有懺悔，如果可以把心剖出來，或是有測量的儀器，就很簡單了。」、「如果輪迴與地獄真的存在，我會到那裡去補償我的罪。」這些看似真心懺悔的話語，是否只是為了脫罪？我們也不得而知。

謝依涵犯案時年僅二十八歲，而無期徒刑假釋門檻為二十五年，等她有資格提報假釋，加上從申請假釋至核准約耗時兩年，最快民國一一九年二月才有機會假釋出獄，那時她已是五十五歲的婦人了。

員工殺人，老闆要賠錢？

不過，整起案件，可憐的除了兩位被害者之外，就是被謝依涵拖下水的另外三人了。民事求償部分，死者張翠萍的母親李寶彩向謝依涵、呂炳宏及兩名股東求償，二審法院判呂炳宏及兩名股東與謝依涵連帶賠償三百六十八萬元。最高法院認為，呂炳宏等人有兩次救人機會，卻因無通報及監督機制，導致陳進福夫婦遭下藥，在店內已呈現緊閉雙眼、神色昏沉，卻無人協助，也認為呂炳宏等人對謝依涵的監督未盡相當注意義務。不過老闆呂炳宏與兩名股東不服提起上訴，最高法院於民國一一〇年九月二十一日判決駁回，三人須連帶賠償三百六十八萬元確定。

另外，被害人陳進福兒子陳曄、陳晞也要求賠償，向凶嫌謝依涵、咖啡店老闆三人和媽媽嘴企業公司索賠，更二審於民國一一〇年判決呂炳宏等股東，應和

1 deoxyribonucleic acid，去氧核醣核酸。

謝依涵連帶賠償六百三十一萬八千八百二十元，最高法院在民國一一三年二月廢棄判決，再度發回臺灣高等法院更審。

最高法院指出，謝依涵是受僱於媽媽嘴咖啡合夥團體，更二審若認定她與呂炳宏等人之間不是合夥的共同出資關係，那三人應負連帶責任的法律依據為何？另外，最高法院認為，更二審以咖啡店提供的飲品不符合《消費者保護法》第七條第一項所定安全性，論斷三股東未盡監督受僱人職務之責，因此廢棄判決，再度發回臺灣高等法院更審。

這起轟動的媽媽嘴命案就我的看法，呂炳宏是真的有點衰，因為店長謝依涵個人的非法行為跟老闆應該沒有關係，不過法官看法也不全然錯誤，這也是給所有的僱傭者一個提醒，僱用員工時要特別留意，不能讓員工為所欲為，因為如果在當中有些差池，老闆也要負連帶責任。

至於本案媽媽嘴的店長謝依涵為了要掩蓋犯行，反而在她滿身的泥濘中露出了端倪。在屍體被發現後，謝依涵急著去領錢，也曝露了她可疑的地方。另外，她也自以為聰明，企圖用漲潮的河水來沖走屍體以此毀屍滅跡，卻沒想到紅樹林的植物和爛泥巴反而將屍體滯留下來。再加上，她以為丟在紅樹林裡的刀子，警方一定找不到，殊不知警方的勘察十分的嚴謹仔細，一點一點的捏著爛泥巴，不放棄找到任何跡證的可能，也真的找到了刀子、刀鞘、眼鏡等相關證物，讓案件的偵辦有了強而有力的證據。

此外，謝依涵在犯案前早就做好計畫，先去看了精神科、拿了安眠藥，在兩名死者屍體解剖的報告中，可以發現在血液和胃內容物中的取樣檢體，都驗出相同的安眠藥成分，足以證明謝依涵的犯行。凡此種種也告誡我們，諸惡莫作、眾善奉行，即使你想掩蓋犯行，總有百密一疏的時候。

不過整起案件最大的突破，就是在測謊的部分，發揮極大的功效，尤其是在：「殺害陳進福、張翠萍共幾個人參與？」的關鍵問題上，她在「一個人」的地方呈現真實的反應，再加上測謊人員林故廷對謝依涵曉以大義，終於突破心防、坦承犯罪。雖然最後謝依涵依舊反咬定陳進福是共謀犯案，想以此逃離死罪，最終法官綜合考量，作出了無期徒刑的判決定讞，也讓案件的紛擾告一段落，徒留死刑存廢與否的討論空間。

臺灣超級大案鑑識現場

儀器測謊

圖、文／曾春僑副教授

測謊（polygraph），原字義為「多項記錄器、多道記錄儀」（many writings），poly為眾多之義，graph為圖譜。該詞後來成為專指儀器測謊的名詞，其原理為選定數種生理活動同步記錄，再透過圖譜判斷生理變化，了解當事人誠實與否的技術，另亦有以生理與心理之謊言偵測（Psychophysiological detection of deception，PDD）一詞，說明整體測試係包含生理與心理多重偵測的涵義。

測謊器能夠記錄一個人於回答問題時，生理變化的一種裝置。以往測謊人員經常使用傳統式測謊儀，稱為類比式測謊儀，現則多使用電腦化測謊儀，甚至加入其他訊號，如語詞、音調、表情、眼動等協助判斷。

根據美國測謊協會與美國警察人員測謊協會之規定，完整的測謊，必須在每個測試過程中，至少收集兩個完整圖譜，且每一圖譜內，至少要有兩個以上與該次測試主題有關的問題。收集的生理反應資料，至少須包括呼吸、膚電、心脈與肌肉移動等四項生理訊號，相關訊號均須有反應強度、靈敏度、基線與持續時間等資訊。

我國測謊最早可溯至中美兩國簽訂「中美特種技術合作所」計畫開始，當時為因應抗日情報需求，陸續引進包括測謊儀在內的特殊調查設備，抗日勝利後，將部分設備轉由「警察總署」運用，逐步推廣於犯罪偵查上。

迄今測謊常用於犯罪調查、安全篩選與性侵害監控等領域，國內民眾可能因媒體報導緣故，對於犯罪偵查測謊較為熟悉。近幾年因司

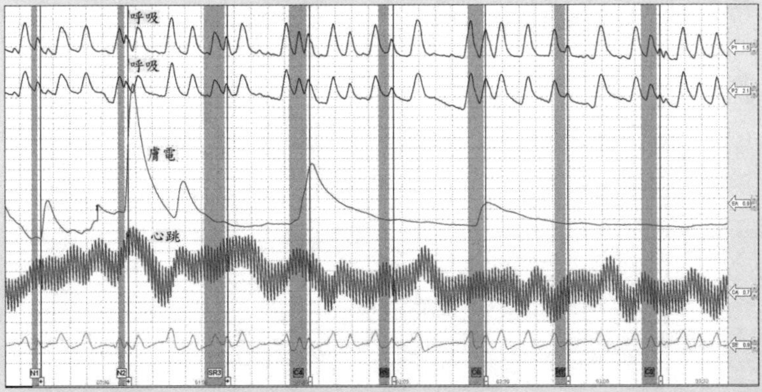

▲圖 1-1 電腦化測謊儀生理訊號圖譜。

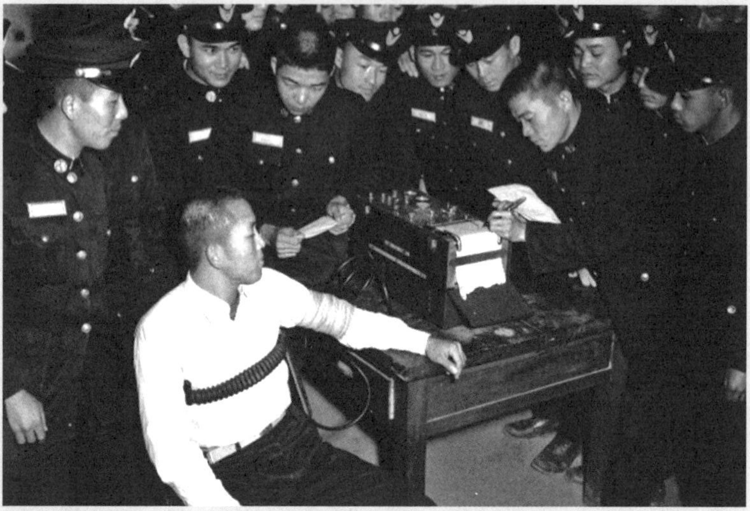

▲圖 1-2 臺灣省警察學校（現警專）時期之測謊課程。

▲圖 1-3 臺灣省警察學校教官向來賓介紹測謊儀功能。

法機關逐漸限縮測謊使用，目前國內犯罪偵查測謊業務已大幅縮減，而情治機關忠誠查核，與矯正機關性侵害監控則較常使用。

美國目前亦以安全查核測謊使用最廣泛，一九八八年六月二十七日通過之《員工測謊保護法》，明確規範可對員工進行測謊之範疇如下，凡與政府施政、國家安全有關之各層級人員，均有義務接受測謊查核。

一、**公務部門**：聯邦、州、地方政府及其附屬機構。

二、**國防及安全體系**：在情報、反情報需求與原子能安全考量下，各情報與能源機構相關人員。

三、**與聯邦調查局簽訂相關工作契約者**。

四、**私人企業調查中案件**，惟限縮在與該次損失活動有關、有合理懷疑之特定族群。

五、**安全服務企業**：包括提供防彈車輛、安全警報系統、對於國家特定場所提供安全維護的保全公司，如核能電廠、公共飲水、輻射及毒物之儲存運送、公共運輸、金融機構等人員。

六、醫藥安全案件調查作業：與各種違禁藥品或管制物質的運輸、製造、儲存、分配及販售作業有關的人員。

完整的測謊至少包括測前會談、主測試及測後會談等三個主要步驟，與後續一系列生理反應數據分析過程，三個主要步驟內容說明如下：

步驟一，測前會談。包括驗證身分、告知程序與法律權益、評估身體狀況、流程介紹與儀器原理說明、了解當事人背景、討論案情與告知測試題目內容等，所有程序均須錄音（影）與文件佐證。

實施時機：測前會談通常於主測試前實施。但案情不明或時間緊迫時，可能會先進行快篩作業，後再與正式儀器測試交互實施，目的在避免受測者提供過多錯誤資訊，誤導測謊方向，因此會就爭議點先行釐清，這類快篩測試，常以緊張高點法[2]進行。

時間長短：刑案之測前晤談約一小時至一．五小時，其他類型測謊，例如忠誠測驗、性侵害測謊等，則時間不定。但若當事人現場陳述內容與原本調查結果不同、情緒起伏過大須有充分時間恢復、因某些因素導致不信任測謊人員或案情複雜時，時間會延長甚多。

步驟二，主測試。即儀器收集生理訊號測試階段，通常包括熟悉測試以及以不同的測試題組反覆詢問。根據美國現行規定，熟悉測試及緊張高點法每一題間隔至少十五秒，區域比對法[3]及修正一般問題法[4]均至少二十秒，每一題組至少需收集兩次圖譜才可做出相關結論。

步驟三，測後會談：測後會談最初設計目的，在於交叉驗證測試結論，並進一步探求受測者圖譜反應代表的真意，了解是否有其他外在因素影響測試結果，或有無安排複測必要性等，讓說謊者有解釋機會，疏導壓力並給予協助，亦可透

---

2 Peak of Tension，簡稱 POT。主要測的是手指汗腺溼度，通常問的問題都不太會有針對性，但當事人一聽到接近真相的選項時，會不由自主產生反應，心理影響生理，手指汗腺會瞬間分泌，躲不過儀器偵測。

3 Zone Comparison Technique，簡稱 ZCT。以案情最關鍵之犯罪行為編列二或三題作為相關問題測試，有罪的人會因聽到或回答相關問題時，產生較大之生理反應，而無辜的人會對控制問題產生較大之生理反應。

4 Modified General Question Test，簡稱 MGQT。視需要編列三至四題相關問題實施測試。

過傾聽誠實者牢騷、抱怨與心靈痛苦等過程，建立和諧關係，以獲得更多有效資訊。但國內司法實務認此步驟會有偵訊疑慮，因此目前國內做法僅詢問受測人測試過程身體狀況，或補充說明事項，並請其在圖譜上面簽名即完成。

目前國內測謊使用題組大致上以區域比對法與緊張高點法為主，區域比對法包含許多不同內容題目，均有其設計目的，如可用來分析當事人反應型態、反應基線、與關鍵問題比對或吸收多餘反應等；緊張高點法則以反應之波峰／波谷分析為主，進而判

▲圖 1-4 測謊室配置圖，圖中包括測謊椅、校正設備與電腦式測謊儀。

斷受測者說謊關鍵點，因此可用於了解當事人是否知悉犯罪情節或是尋找關鍵證物位置。所有問題均為是／否之簡短回答，施測人員另可搭配沉默回答法以相互比對其中差異。

收集圖譜後，再以量化評分規則做分析，每一種題組均有相對照的評分表與權重分配，結果通常包括無不實反應、不實反應、無法鑑判與無意見等；其中無法鑑判代表比對強度不足，如同醫學影像判讀時，若病灶太小可能無法判斷情況，測謊為避免誤判，故以無法鑑判取代。而無結論係因特殊狀況無法取得足夠圖譜，故無法提

▲圖 1-5 乾式腦波帽。

供測試意見，如當事人採取抗制措施等狀況。

在ＡＩ（Artificial intelligence）風潮下，目前測謊逐漸面臨重大變化，雖然陸續有腦波、語音、語詞、腦部血流量、臉部表情、皮膚溫度、眼球與瞳孔變化、肢體語言等技術出現，然因相關演算結果尚未達到可信程度，故迄今歐美各地測謊協會尚未修改測試規範，仍以測謊儀偵測標的作為判斷依據。

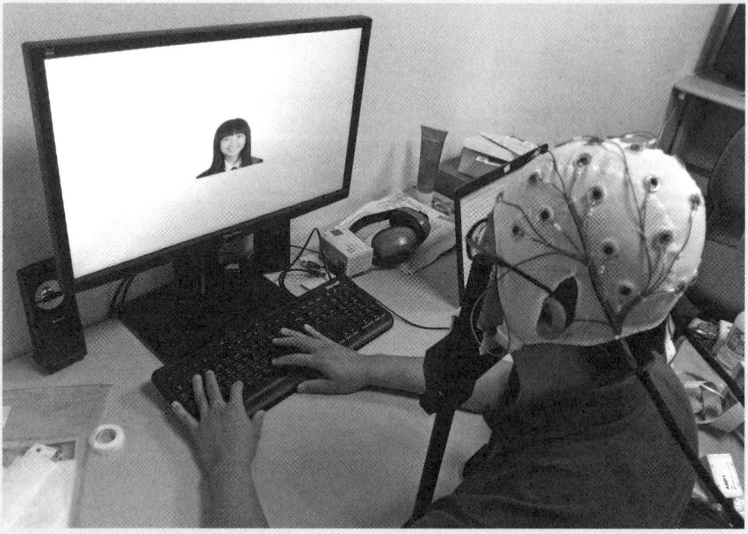

▲圖 1-6 腦波測謊作業情況。

2

混毒灌酒，死神提早到

—— 台北 W 飯店毒趴命案，民國 105 年

民國一〇五年，一個連續五天四夜的毒品狂歡派對，卻成為一名年輕女孩的死亡派對，她年僅二十一歲的生命也因在派對中待了三天三夜，不間斷的施用各種毒品後香消玉殞，即使最後被緊急送醫，依然回天乏術。

這起案件在當時引起軒然大波，不僅是因為台北W飯店貴為臺北信義區指標性的五星級飯店，卻發生了駭人聽聞的女模命案，也因為舉辦派對的男子，正是在民國一〇二年時，高調迎娶東吳正妹 Alice 的富二代朱家龍。

朱家龍家庭背景雄厚，他的父親是桃園永平工商及仁才服裝公司董事長，當年靠著成衣廠發家致富，許多軍警、消防和學校制服都是他們一手包辦。朱家為了迎娶媳婦，拿出的「壓茶甌」更是四塊重如磚頭的現金紅包，出手闊綽。朱家龍的婚禮 MV 甚至還找來藝人納豆助陣。當影片在網路上曝光後，朱家龍也因此爆紅，還被網友封為「土豪哥」。

土豪哥的新婚妻子 Alice 在婚後奢華的生活也沒間斷過，愛馬仕、香奈兒等名牌精品時常出現在她微博照片上，出門也以法拉利跑車代步，魚翅和燕窩也是她日常餐點。但在她的社群照片上，卻鮮少出現她與土豪哥朱家龍的合照，讓人懷疑他們早已感情生變，兩人也在民國一〇五年時被傳出離婚消息。

沒想到在同年十二月，就發生了女模命案。出席毒趴的其中一名小模透露，這場派對其實就是土豪哥為了散心所舉辦的「離婚趴」，五天四夜的派對，其中一天還是土豪哥與 Alice 的結婚紀念日！

W毒趴害死人，飯店還滅證

土豪哥不僅在與 Alice 結婚時高調炫富，就連離婚時，也準備了一個高價奢華的狂歡派對，找來多位友人與傳播小姐，在要價昂貴的台北W飯店套房內舉辦吸毒派對。

整起案件是在派對開始後的第五天爆發開來，民國一〇五年十二月七日，兩名男子洪聖晏和江哲瑋，將一名陷入昏迷的年輕郭姓小模，送至國泰醫院的急診室，接受緊急治療，但院方因為發現患者出現藥物中毒的狀況，暗中通知了轄區警方到場處理。

兩名男子見員警出現而神色慌張，態度也遮遮掩掩，洪聖晏還向警方謊稱郭姓小模是自己認識不久的女友，並稱她之所以會陷入昏迷，是因飲酒過量又吃了安眠藥，甚至還捏造了虛假的上車地點，使大安分局的員警無法在第一時間發現，案發地點其實是在台北W飯店。而後因為郭姓小模狀況嚴重，國泰醫院才趕緊將她轉往榮總救治，卻仍因混用多種毒品而不治身亡。

警方在循線查出真正的案發地點後，隨即出動警力前往飯店勘察。但警方這時不僅因為被洪聖晏和江哲瑋的謊言而耽誤了時間，也在前往飯店後，被飯店以「保護客戶隱私」為由，拒絕他們進入房間蒐證。

直到警方經過層層通報後，終於進入事發房間，但這時房間早已被打掃乾淨，就連警方最常能在案發地點「挖到寶」的垃圾桶也遭清潔一空，使檢警難以透過現場鑑識結果來獲得相關跡證，只能想辦法從其他方面取得破案線索。檢警除了要調取飯店不同處的監視器影像外，也要盡快約談曾進出房間的相關人士，並採集他們的毛髮和尿液送驗，才能和死者體內的毒品做比對。

檢警除了鎖定說詞閃爍的洪聖晏和江哲瑋，也鎖定了負責在十二月二日訂房的「土豪哥」朱家龍。朱家龍雖然很快就到案說明，卻對案情避重就輕。他供稱自己之所以負責訂房，是因為平常累積高額消費，而成為台北W飯店的VIP，享有VIP折扣，才會替朋友代訂客房，並且聲稱自己都在房間內看電視，不清楚客廳裡發生什麼事。

在偵辦毒品案件時，警方最重要的就是能在案發現場，或嫌犯身上搜出毒品，並採集嫌犯的尿液及頭髮送驗，以此連結證明他們的犯罪行為。警方也會查扣嫌犯的手機，並調閱嫌犯手機中的通聯對象及相關對話內容，藉此釐清毒品流通網絡，以及毒品來源管道，並找到販賣毒品的上游藥頭線索。

但朱家龍在到案前，竟先將自己與其他嫌疑人的通聯資料悉數刪除，還聲稱自己根本不認識其他被找來派對助興的女子，徒增警方以數位鑑識方式來復原通聯資料的困擾。檢警也在調閱毒趴房間外的走廊監視器影像後，發現除了最先被警方鎖定的朱家龍、洪聖晏和江哲瑋外，在連續數日的吸毒派對中，進進出出的年輕男女竟高達十多位！

檢警只能與時間賽跑，因為距離案發時間越久，參與毒趴的相關人士就越有可能串供或湮滅證據。因這起案件受到社會矚目，又被媒體大肆報導，使毒趴涉案人員有可能會因媒體披露最新進展與自身利益衝突，或是擔心遭受社會批判，而躲藏起來，警方擔心會因此錯過送驗相關人士毛髮和尿液的黃金期。

沒想到檢警所擔心之事竟一一應驗，幾名陸續到案說明的關係人，包括洪聖晏與一名綽號「醬醬」的劉姓傳播小姐，皆坦承他們因擔心手機遭到扣押，在案發後便將自己的手機丟棄損毀；更令警方受挫的是，他們本來寄望能從死者郭姓小模手機中獲取蛛絲馬跡，但另一名派對參與者陳秉澤卻也在到案後坦承，自己早將郭姓小模的手機，連同剩下的毒品一併丟棄，使警方的線索又少了一條。

為了查出進出毒趴派對的男女真實身分，專案小組花了大量心力查看監視器影像，也分析了相關人士的通話紀錄，以及他們的手機在這段期間的基地臺位置和移動軌跡，並還原了通話內容，終於找出全部參加者的真實身分。

在經過四十五天的偵查期後，檢警終於能拼湊出，在這五天四夜的狂歡派對中到底發生什麼事，並從各方說詞中建立起派對參與者彼此之間的關係。他們發現土豪哥朱家龍不只是單純替朋友訂房，他竟也是這場毒趴貨真價實的主辦方，還與另兩位朋友洪聖晏和蔡逸學一同張羅各種毒品，提供給參與者施用！而其他進出派對的男女，有些是負責供應毒品，有些則是被找來作陪助興，而最後進入派對的幾名關係人，則是被叫來處理現場和善後。

梅片、金剛、金色小惡魔混搭

這起案件要從民國一〇五年的十二月二日傍晚開始說起，土豪哥朱家龍先用自己的VIP身分向台北W飯店以每晚逼近萬元的六折價格，一口氣訂了三個晚上的房間。然後他便先到同樣位於信義區的「王牌101酒店」，與他的朋友洪聖晏和蔡逸學喝酒聊天，並邀請兩人與他一起到台北W飯店舉辦吸毒派對。

因為洪聖晏要先帶酒店小姐出場休息，因此朱家龍和蔡逸學兩人便先與朱家龍的兩位女性友人，以及一位傳播小姐進入房間，吸毒派對也從十二月三日凌晨拉開序幕。朱家龍和蔡逸學在客廳桌上一字排開琳瑯滿目的各類毒品，包括K他命、毒品軟糖，和俗稱「梅片」，也是一種安非他命的新興毒品「金剛」等，讓在場參與派對的人都能自由取用。

但朱家龍仍覺得不夠，因此當一位綽號為 Rara 的王姓小模朋友，提出想邀另一位朋友張子奕來派對聊天時，他便順勢要求身為藥頭的張子奕，攜帶一款被稱為「金色小惡魔」的咖啡包毒品到現場。而後當張子奕來到派對現場後，便以十包三千元的價格賣給朱家龍，使派對桌上的毒品又增添了不同品項。

在另一頭與小姐休息完的洪聖晏，在三日凌晨兩點多來到台北W飯店樓下時，恰巧碰到也被叫來派對狂歡的鐵工廠小開江哲瑋，兩人便在便利商店購買了「冰火」調酒、紙杯和骰子等物品，才進入房間，隨後眾人便決定以骰盅玩遊戲，輸家的懲罰就是必須喝下用冰火調酒，或毒咖啡包所沖泡的飲品。

男男女女狂歡了一整天，直到隔天十二月四日晚間才陸續散去。但朱家龍、蔡逸學和洪聖晏稍作休息並用餐後，竟然沒有停止這場瘋狂派對的打算，反而想將狂歡延續下去。他們各自找網路上的藥頭或熟人來補充毒品，江哲瑋也第二度帶著「金色小惡魔」咖啡包，以及其他毒品來到派對。

洪聖晏除了在微信上透過傳播公司，以四小時八千元到一萬元的坐檯費，徵求坐檯「音樂桌」[1]的小姐外，還親自聯繫他先前認識的，曾做過酒店經紀的郭姓小模來坐檯，郭姓小模因而出席了這場對她而言有去無回的「奪命派對」。

除了郭姓小模，以及透過傳播公司找來綽號「曼曼」的劉姓傳播小姐外，朱家龍也邀請了另外兩位女性友人到場同樂，他們依照前一日的模式，繼續用骰盅玩「吹牛」遊戲拚酒。每當毒品不夠時，朱家龍便會再想辦法透過自身管道，或是再請藥頭江哲瑋調來毒品，因此客廳桌上的毒品從來沒有斷過。朱家龍雖曾向警方聲稱自己大部分時間都在房內休息，但在其他人的證詞中，朱家龍其實也在客廳與大家玩得很嗨。

朱家龍還兩度向台北W飯店經理辦理續住，眾人就這樣不知休息的連玩好幾天，各種毒品樣樣來，不僅喝了咖啡包，還抽了K菸，含了梅片，甚至還吞搖頭丸（見下頁圖2-1），幾乎沒間斷的混用多種毒品。

1 作者注：此處所指「音樂桌」意為「搖桌」，也就是傳播小姐陪客人在包廂內嗑藥開毒趴。

主辦人朱家龍在十二月六日凌晨三點多短暫離開，這時房內眾人因嗑藥而出現的瘋癲行為也越來越嚴重。王姓小模 Rara 也曾目睹傳播小姐曼曼在連續服用多種毒品後，出現身體不適的症狀，除了眼神渙散、語無倫次外，甚至還撞到牆。但在場的洪聖晏和蔡逸學依然不以為意，繼續玩遊戲和嗑藥。

Rara 為此還用微信傳訊息給有事外出的朱家龍，也對他提到「其中一個女的有狀況」、「把我們都吵醒」、「都怪怪」等話，沒想到朱家龍不僅不阻止派對進行或通知飯店退房，反而只用微信回了「真假」、「哈哈大笑」、「四天耶」等玩笑話。

郭姓小模看到現場恐怖景象後，曾以微信語音向臺東的好姐妹訴苦。她語帶顫抖的對好友提到，「妳知道剛剛有多恐怖嗎？有個妹，她吃完半顆，才剛吃完沒多久就吐了，結果她又吃，是她

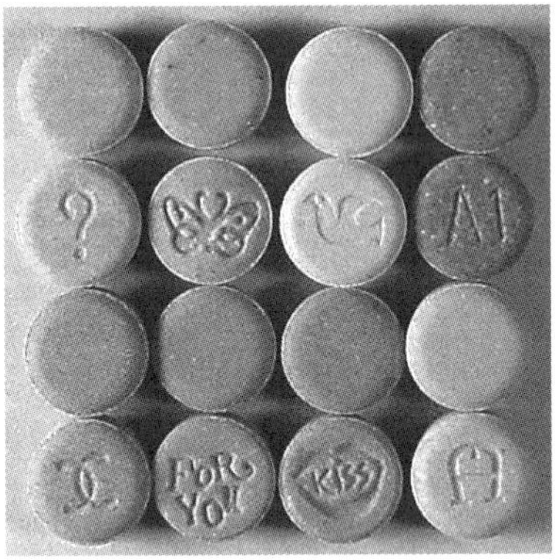

▲圖 2-1 搖頭丸，又叫快樂丸，通常是圓形的，並印有字母或圖案，具有興奮及迷幻作用。（圖片來源：維基百科）

自己要吃的，結果她就撞到牆，很嚴重。」郭姓小模最後也提到毒趴現場，簡直就像到了「另一個世界」，現場的人就像群魔在亂舞。

這段短短的語音內容還能聽出郭姓小模這時的意識還算清楚，據其他參與者的說法，在派對期間，郭姓小模玩遊戲輸了很多次，所以也喝了不少杯毒咖啡，還吞了搖頭丸等。因此到了十二月七日的凌晨四點多時，郭姓小模也開始意識不清，甚至出現反覆穿脫衣服的狀況。但洪聖晏和蔡逸學卻擔心假如將她送醫，會曝光他們嗑藥開趴的事，故決定讓洪聖晏一邊安撫郭姓小模，一邊繼續和新來的傳播小姐，以及蔡逸學邀來的陳姓姊弟玩遊戲。

眾人都未將郭姓小模的異狀當成一回事，郭姓小模因身體不舒服，想要泡澡放鬆，便自行走進浴室。但過了好一陣子，遲遲沒有出來，浴室裡也未傳出沖澡的聲音。綽號醬醬的劉姓傳播小姐在當天早上七點多時進浴室關心，沒想到卻發現郭姓小模竟癱軟在馬桶上，陷入昏迷。

醬醬眼見郭姓小模意識不清，趕緊透過自己男友找上一名不具醫生執照的吳姓男密醫。密醫趕到現場後，為郭姓小模注射俗稱「排毒針」的點滴，但排毒針只含有複合維他命Ｂ和食鹽水等成分，根本沒有療效，甚至還出現大小便失禁、抽蓄和高燒不退等現象。

密醫見情勢不妙，趕緊敦促眾人將她送醫。終於在拖了好幾小時後，在七日上午十點多時，由洪聖晏和江哲瑋兩人帶著昏迷的郭姓小模搭乘計程車前往醫院，但終究還是因為錯過救治的黃金時間，而回天乏術。醫生在當晚七點多時宣告郭姓小模死亡，年輕的生命就在一場狂歡之中消逝了，令人不勝唏噓。

為了釐清真正的死因，郭姓小模的大體被送去法醫研究所解剖，法醫從她的血液、毛髮、胃內容物等部位，驗出十餘種毒物成分。郭姓小模在混合施用多種毒品之下，造成中毒性休克併橫紋肌溶解，以及多重器官衰竭，才導致死亡。

另外，郭姓小模雖然一度因為送醫時被發現下體紅腫、大腿內側出現瘀青，身上還穿著朱家龍「８ＸＬ」超大尺碼的內褲，而讓人懷疑她曾在派對上遭受性侵或性虐待。但經過法醫化驗死者下體的檢體後，證實檢體中沒出現任何一位參與派對的男性ＤＮＡ。

檢警還回W飯店現場利用「多波域光源組」（見第一四二頁圖4-3）找尋精斑，

並未找到相關證據。他們在查閱了郭姓小模生前的病歷資料後，推翻了她生前遭受性侵的推論，因為檢警認為下體的紅腫，更有可能是因婦女病所造成的。

W飯店條款——知情不報罰十萬元

郭姓小模的家屬因痛失親人而感到氣憤又難過，他們認為舉辦毒趴的朱家龍等人泯滅人性。郭姓小模的身體出現狀況，卻不及時將派對喊停，且朱家龍等人案發後也毫無悔意，遲遲未向他們道歉。並認為台北W飯店未善盡管理義務，因此以連帶求償的方式，向朱家龍等三名派對召集者，以及台北W飯店法人，和多名飯店員工索賠，要求他們刑事附帶民事賠償總共大約兩千八百零七萬元。

在刑事判決上，臺北地方法院本來在民國一〇六年六月一審宣判時，依《藥事法》中的第八十三條第二項轉讓偽、禁藥致死罪，分別判處被告朱家龍和蔡逸學有期徒刑十年、洪聖晏有期徒刑十年六個月。其他案件相關人則被判刑四年兩個月到九年不等，在二審時也未減輕刑度，沒想到高等法院在民國一〇八年四月的更一審判決時，卻迎來逆轉的結果。

因為郭姓小模的體內雖然被檢驗出十餘種毒品成分，但其中一個中文名稱為「副甲氧基安非他命」的「PMA」（paramethoxyamphetamine）二級毒品，卻是最有可能導致她發生中毒性休克的主要因子。因為PMA是郭姓小模體內所有毒品成分中，濃度最高的毒品，而她身體裡PMA的含量，竟比公定的最低致死濃度高出將近十九倍！

除了PMA外，郭姓小模體內還被驗出另外兩種毒品成分，是在其他參與派對者的身上皆未被檢測出來的，這代表這三種毒品成分，很有可能並非來自於毒趴派對中供眾人施用的毒品。法醫也從郭姓小模的頭髮發現，從她頭皮往上六公分處都有驗出PMA，以一般人頭髮生長速度為每個月一．五公分來推斷，她很有可能在案發前四個月，就已不間斷的施用PMA！

高等法院因而在更一審時判定，郭姓小模猝死是因長期服用PMA毒品，無法認定與朱家龍等人提供的毒品存在因果關係，也考量朱家龍事後已與死者家屬達成和解，因此改依照《藥事法》中的第八十三條第一項，以轉讓偽藥、禁藥罪判刑朱家龍兩年十個月、洪聖晏和蔡逸學各兩年六個月的有期徒刑，全案定讞；而朱家龍也因在獄中表現良好，已於民國一〇九年六月七日提前出獄。

另外，由於這次案發地點台北W飯店，並非第一次阻撓警消進入飯店，早在發生本次女模命案之前，飯店便多次以「保護客人隱私」為由，拒絕配合警消調查，更令人難以置信的是，女模命案發生時，飯店內竟同時至少有三個房間在開毒趴，但飯店業者卻都沒做通報。這也促使法務部認為修正法條已刻不容緩，因此更加積極的推動立法院三讀通過《毒品危害防制條例》第三十一條之一的修正案，增訂「知情不報」條款。

條款中明確說明像是飯店、旅館和摩鐵等特定營業場所，業者都肩負毒品防制責任。假如業者在發現自己的營業場所，有旅客在吸毒或持有毒品，卻知情不報，將會被處以十萬元到一百萬元的罰緩，情節嚴重者還可能遭勒令歇業。也因這個修正案是台北W飯店在本次女模命案中阻撓警方辦案而促成，因此也被戲稱為「W飯店條款」，新法已在民國一〇七年的十二月十二日上路實施。

近年來，毒品氾濫一直是臺灣嚴重的治安問題，各式各樣的新興毒品也如雨後春筍般冒出，但遺憾的是，政府修訂法條來將新興毒品納入管制藥品的速度，卻遠遠不及各式毒品推陳出新的速度，一些旅館業商家的營業場所，為了招攬客人，竟對客人入住時吸毒開趴的行徑睜一隻眼閉一隻眼，造成毒品濫用致死的案例頻頻發生。因此，我認為政府除了要加強查緝毒品犯罪外，也要修法來加重在運輸、販賣或施用毒品上的刑罰，並減輕有心戒毒者的刑責。同時也須在校園與家庭中強化反毒教育，否則當民眾因好奇或其他因素而開始吸食毒品，將一失足成千古恨，不但會跌入萬丈深淵，也將成為一輩子的遺憾。

臺灣超級大案鑑識現場

篩檢新利器，毒品全現形

圖、文／曾春僑副教授

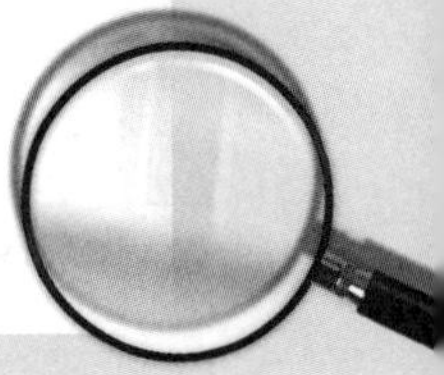

毒品鑑識通常區分兩大部分，一為可疑毒品鑑識，二為各類生物檢體檢驗。其中可疑毒品鑑識，主要為辨識毒品結構。由於多數查扣之毒品並非純物質，而是含有許多雜質的不純物，須逐一辨識每一種分子化學結構。生物檢體檢驗，則是在藥物動力學基礎上，了解人體攝入後之殘留量與代謝物成分。以下針對發現疑似毒品後，於現場與實驗室中常用的檢驗技術做一說明。

一、現場鑑識

查扣疑似毒品證物後，會先在第一線進行初篩檢驗，依毒品外觀及存在態樣初判種類，以選用適當初篩試劑檢測，若呈現陽性反應，則再送往實驗室以液相或氣相層析質譜儀等進一步確認，除特殊案件外，若第一階段呈陰性反應，目前均不再進入第二階段。

・呈色試驗：呈色試驗具快速、簡易與便宜等優點，故常在第一線使用，遇到較複雜毒品，還可利用呈色法之系統化分析，辨識結構相似毒品。如改良式 Cobalt thiocyanate 法係針對具三級或四級胺類藥物，常用於愷他命（K他命）類檢測；Janovsky 法則用於檢測 carbonyl 及胺基結構，常用於愷他命或各類鎮定劑檢

▲圖 2-2 墨西哥鼠尾草，施用後會出現感知、視覺和聽覺扭曲，進而有強烈的迷幻感。目前第一線仍無適用初篩工具。

▲圖 2-3 大麻，屬於中樞神經迷幻劑。吸食後會產生心跳加快、妄想、幻覺、口乾、眼睛發紅等現象。

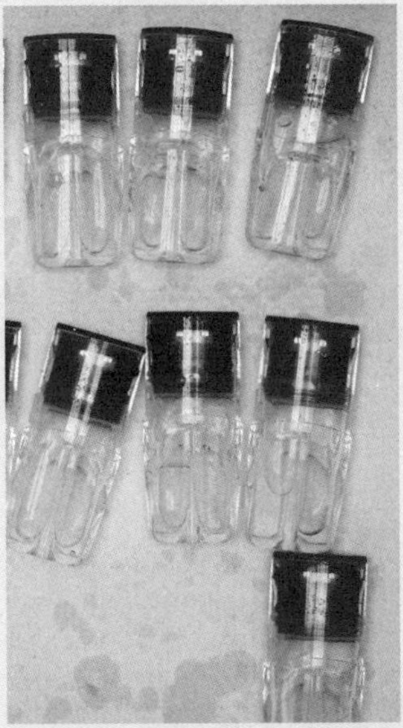

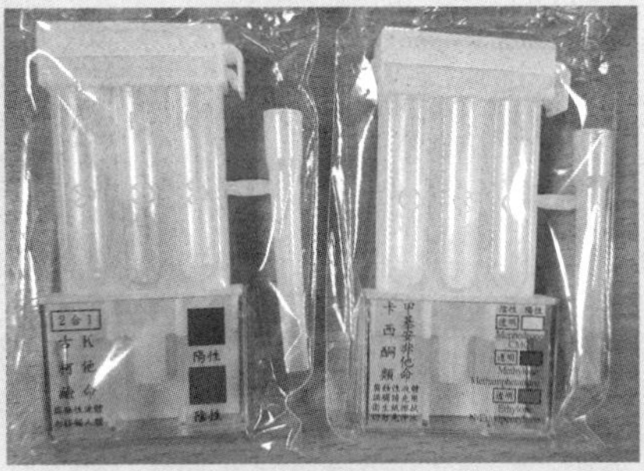

▲圖 2-5 毒品呈色快篩試劑。

◀圖 2-4 近幾年流行之喪屍菸彈內含的依托咪酯成分，是一種醫療使用的麻醉劑藥物，現今卻遭濫用，常以摻入電子菸油的方式吸食。

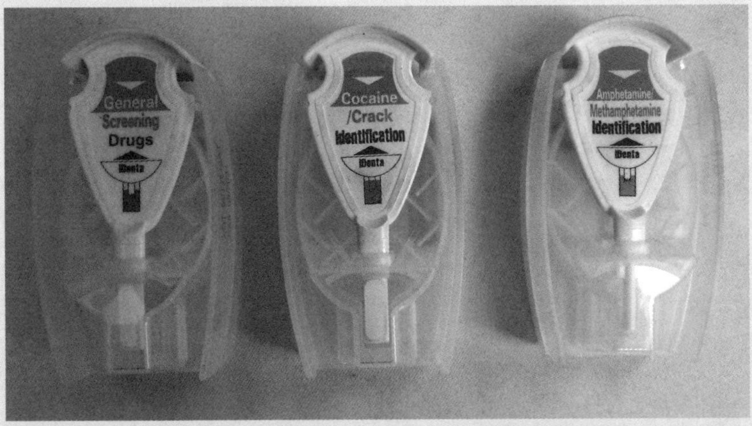

▲圖 2-6 第一線執法人員使用之各式毒品呈色試劑，可在數秒內就得知檢測結果。

驗；Marquis 法用於鴉片類、海洛因及安非他命苯乙胺結構檢測；Chen's 法用於含氧苯乙胺類藥物；Simon's 法用於二級胺類之甲基安非他命或搖頭丸等。但因目前毒品種類繁多、外觀相似，且常為不同毒品混合而成，也可能因咖啡包其他成分產生干擾，故呈色法目前已漸漸無法滿足現場緝毒人員需求。

・免疫試驗法：藉由高特異性的抗原－抗體（Ag-Ab）反應檢測毒品成分，目前多將不同藥物的偵測抗體整合至單一快篩試劑內，大小及操作方式與新冠病毒快篩試劑雷同（見第八頁右上圖），價格低、反應靈敏，兼具初篩尿液檢體功能，便於攜帶出勤，相關單位可針對不同任務需求採購使用，結果僅須透過觀測線（通常為C與T線）之有無，即可知悉毒品成分。

・拉曼光譜儀（見左頁圖2-8）：測定拉曼光譜須為固定頻率、且頻寬小的強光源。目前執法單位係使用紅外線雷射光源照射在樣品表面，透過光子非彈性碰撞後的拉曼光譜資訊，比對內部數據資料庫，可立即得知是否含毒品成分。其具非接觸式、非破壞性分析功能，雷射可直接穿過透明玻璃容器或塑膠袋，可快速正確分析液態溶劑、結晶及粉末等檢體，但無法用於菸草、果凍、植株等檢體。

▲圖 2-7 地下毒品工廠內含許多待辨識化學物質，此時拉曼光譜儀即為最佳現場分析儀器。

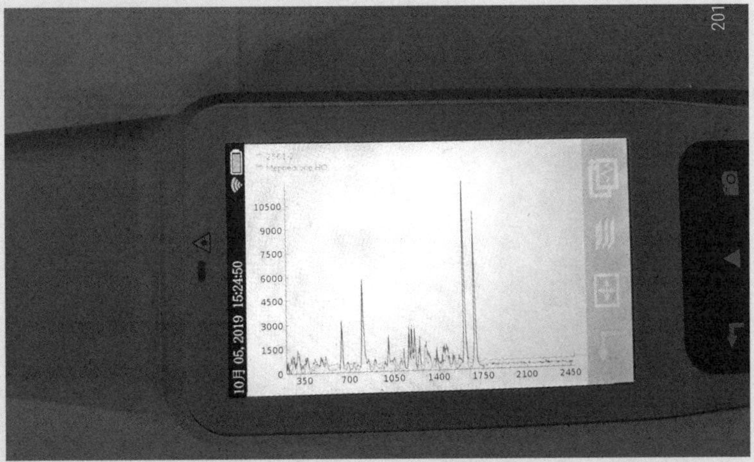

▲圖 2-8 新型態毒品常混裝成咖啡包、奶茶粉或果汁粉，利用拉曼光譜儀可讓各種偽裝毒品立即現形。

現場毒物鑑識另一重點為毒品前驅物測定，此攸關地下毒品工廠認定與物質查扣，由於毒品工廠內各項化學試劑散布各處，且不可能在以免疫化學或呈色法基礎備足測試器材，此時拉曼光譜儀即為最佳現場分析儀器。

二、實驗室鑑定

前述初步試驗目的在於快速分辨毒品型態類似物質，但容易受到其他藥物干擾造成偽陽性反應，且不同場合中藥物純度差異甚大，從最源頭之純度可能為九〇％以上，到末端可能僅有一％左右。而地下毒品工廠案件，除須鑑定最末端成品外，尚須針對半成品、原料進行分析，以供研判製毒流程，因此呈陽性反應時，須再送實驗室鑑定，司法判決亦以第二階段鑑定書記載為依據。

• 氣相層析質譜儀（GC-MS）：結合氣相層析儀與質譜儀兩大系統，層析儀內標的物質被加熱後，形成氣體分子，再以惰性氣體為載體，將分子導入具各種薄膜之分離管柱內，藉由移動速度不同而完成分離程序。質譜儀則是將被分離分子，以高能量電子撞擊，或是化學游離法完成游離，讓分子斷裂成大小不同碎片，導入高強度的電場或磁場，分析斷裂物碎片重量，比對特徵碎片重量、比例，配合資料庫判斷，即可回推分子結構。以安非他命來說，質荷比（m／z）58的碎片就是重要片段特徵。

・液相層析質譜儀（LC／MS）：以液相分離取代氣體分離步驟，而游離化方式，除以電子撞擊外，亦常用快速原子撞擊法、電漿噴灑（ESI）、基質輔助雷射脫附（MALDI）等方法進行，根據可疑藥物分子大小有不同選擇，一般來說，電漿噴灑適合高極性、高分子量、蛋白質等分析。

▲圖 2-9 各種高科技分析儀器已為毒品實驗室基本設備，圖為各式層析與質譜設備。

•核磁共振光譜儀（NMR）：分子內的各種原子，如碳、氫、氧、氮、氟、磷等，在磁場下有不同吸收訊號，因此收集其在超導磁鐵磁場內的訊號，就可作為化合物結構鑑定依據。對於熱不穩定物質、同分異構物，或含醣類之毒品添加物，僅以氣、液相層析質譜儀分析可能出現誤差，或因同分異構因素造成誤判，因此可利用核磁共振光譜儀協助判斷。

隨著科技的進步，逐漸開發出各種體積小、操作相對簡單的攜帶式儀器，對於大宗毒品現場鑑定結果與實驗室分析並無差異，對案件偵辦時效及結果大有幫助，然因法規限制以及部分新興毒品可能受限於資料庫未建檔等因素，導致少數分析結果與實驗室儀器分析有所不同，因此目前偵審機構仍依循上述分工方式，以在偵辦時效及人權保障間取得平衡。

3

改變臺灣政局的兩顆子彈

—— 319 槍擊案，民國 93 年

民國一一三年的七月十三日，是陽光普照的好日子，時任美國共和黨總統候選人唐納・川普正在賓州（Commonwealth of Pennsylvania）的農場展覽場上，為十一月的總統大選發表慷慨激昂的造勢演說。沒想到演講才開始六分鐘，竟突然響起三聲槍響，其中一顆子彈劃過川普右耳上方，意圖暗殺川普的凶嫌克魯克斯（Thomas Matthew Crooks）很快的被特勤局狙擊手擊斃。雖然川普因此受到輕傷，但他在被槍擊後高舉拳頭並振臂吶喊的模樣，卻激起選民熱情，還迫使本欲尋求連任的民主黨參選人喬・拜登（Joe Biden）在黨內外的壓力下退選，改由副手賀錦麗（Kamala Harris）角逐下屆總統之位。

一顆子彈竟改寫了總統大選的格局？臺灣讀者應該對類似的劇情感到再熟悉不過，因為在民國九十三年，臺南市金華路三段上槍擊陳水扁與呂秀蓮的「兩顆子彈」，也被視為扭轉當年總統選情的關鍵。代表民進黨參選的「陳呂配」以不到三萬票的些微差距險勝「連宋配」，得票率僅差〇・二二三%，廢票卻超過三十三萬票，比競選雙方票數的差距多了十一倍以上！這也讓代表泛藍陣營的參選人連戰與宋楚瑜，提出「陳呂配」當選無效的訴求，雖然在隔年遭最高法院判決敗訴定讞，但民眾對本案分歧的看法卻持續割裂著臺灣社會。

三一九槍擊案的真相紛擾多年，不同陣營的支持者始終擁護對自己有利的說法，也讓本案變成「信者恆信，不信者恆不信」的局面。本案因參雜過多政治因素，各方說法又眾說紛紜，因此本章主要聚焦於警方或相關調查單位的偵辦與鑑識過程，以免模糊焦點。

臺灣首起候選人遭槍擊事件

時間回到二十一年前總統大選的前夕，當時越接近選舉，選情益發緊張，由國民黨和親民黨組成的泛藍陣營，與民進黨的綠營支持度在伯仲之間，讓選情進入白熱化階段，兩方人馬把握在選前賣力拉票。

當時民進黨安排尋求連任的正副總統候選人陳水扁與呂秀蓮，在大選的前一天，也就是民國九十三年的三月十九日，來到民進黨票倉大本營的臺南市掃街拜票。同行的車輛超過四十輛，機車也高達六百臺，而臺南市鄉親也展現出對陳水扁的支持，從灣裡路到金華路三段，沿途只要行經商家，都會施放鞭炮來歡迎總統，民眾也在街邊夾道歡迎。

沒想到就在總統車隊於下午一點四十五分，行經金華路三段與永華路的路口時，竟發生了一件震驚國際的大事——陳水扁與呂秀蓮遭不明人士槍擊，而這也是臺灣選舉史上首起候選人遭槍擊的事件！

陳水扁雖見腹部的衣服沾染血跡，但因傷口不深，他本以為只是被路上的鞭炮炸到，並未過於驚慌，而呂秀蓮的傷口則是在右膝處。隨扈的侍衛官先以曾被稱為「面速力達母」的曼秀雷敦藥膏塗在總統腹部傷口上，並在隨行的簡姓醫師上車查看傷勢後，決定緊急改道護送兩人至奇美醫院治療。

當時共有四名醫師參與治療，他們在鬆開總統衣褲後，發現在陳水扁腹部肚臍下方，有一道長約十一公分、深度約兩公分的傷口，該傷口雖傷及皮下脂肪層，但未傷到腹腔，因此負責的醫師在做了清創皮膚傷口邊緣燒灼部位處理後，便縫合了傷口。之後是在陳水扁做X光掃描時，眾人才發現總統背後衣服內竟然出現一顆鉛彈頭，他們也才驚覺到這是一件暗殺總統的槍擊案！而槍擊呂秀蓮的銅彈頭，也被前來勘察的鑑識人員在吉普車左側地板上找到。

為了揪出開槍真凶，時任刑事警察局局長的侯友宜，也被任命為專案小組的統籌，負責指揮並調度偵查和鑑識人員。但由於警方第一時間並未意識到這是一起槍擊案，因此並未即時封鎖現場，只先請轄區員警沿著正副總統的拜票路線，蒐集民眾所燃放的鞭炮和其他證物。

直到案發當天傍晚五點多，幾位熱心市民在金華路三段十四號前，發現兩顆彈殼，打一一〇報警之後，警方才趕緊封鎖金華路三段永華路口至武英街口的路段，並派員前去鑑識採證，只可惜現場早已被遊行隊伍破壞殆盡，槍手在槍擊現場所留下的跡證，也只剩下兩顆不鏽鋼彈殼。

專案小組派員前往民眾拾獲彈殼的附近查訪，並在比對多位民眾所提供的相片和錄影帶後，發現正副總統掃街拜票所搭乘的吉普車，在行經金華路三段十號前，車前的擋風玻璃上並未出現彈孔，而當該輛吉普車經過該路段三十四號時，擋風玻璃上出現了彈孔裂痕。彼時陳水扁和呂秀蓮也停止了向民眾拜票的動作，取而代之的是露出了擰眉和不適的神情，他們還分別撫摸了自己的腹部和膝蓋，專案小組因而研判，正副總統在案發當天的下午一點四十五分遭槍擊的位置，可能是在金華路三段的十號至三十四號之間。

專案小組雖能大致推敲出正副總統被槍擊的地點，但在清查民眾時卻遇到困難。警方在前往現場查訪，並根據民眾與記者所拍攝的錄影帶，清查出在案發現場附近的民眾為四百三十四人，也公布了現場照片，希望參與遊行的民眾能到案說明。但多位民眾因考量當時嚴峻的政治情勢，而不願主動出面，也讓警方無法全面盤查。

這起槍擊案在當時臺灣社會與國際上也引發軒然大波，出現許多將總統大選延期的聲音，但因在《總統副總統選舉罷免法》中，只有候選人於期間死亡，才能停止選舉並延後投票，且當時泛藍的連宋陣營也未提出延期要求，因此中選會依然決定如期舉行選舉。

但隨著民進黨的「陳呂配」在隔日的總統大選，以不到三萬票險勝泛藍陣營，讓泛藍的連宋陣營支持者感到不滿，紛紛質疑槍擊案的真實性——這一切難道不是阿扁自導自演？

神探出馬，協助鑑定調查

由於泛藍陣營也對案發轄區的臺南警方調查的公正性感到懷疑，因而提議讓享譽國際的鑑識專家李昌鈺博士來臺調查，對此民進黨也表示同意。接到邀約的李昌鈺博士本來對接下這個充滿政治色彩的槍擊案感到猶豫，但在母親的鼓勵下決定接下這個燙手山芋。

為了釐清兩顆子彈的真相，李博士也與幾位美國鑑識專家聯手，在案發的三月底時，由三位刑事及彈道專家先行抵達臺灣展開調查，隨後李博士也在四月上旬來到臺灣，進行鑑識工作。他們收到了由刑事警察局鑑識科所提供的案件資料，包括物證分析報告、正副總統傷口照片，以及槍彈試射報告等，也取得所有相關物證，以供鑑定團專家檢視。

李博士回到美國後，於當年的八月二十八日完成多達一百三十三頁的英文調查報告，還以圖文並茂的方式，描述團隊在證物鑑識與勘察的過程。但李博士也特別強調，他們僅針對刑事物證的檢視，與槍擊彈道的重建，不介入刑事局偵查罪犯的過程，因此諸如嫌犯做案動機、嫌犯身分與做案人數，以及本案涉及政治的觀點，皆非該報告論述範圍，他們也始終秉持著客觀中立的立場來做調查。

鑑定團隊在檢視從陳水扁衣服內找到的鉛彈頭時，發現該鉛彈頭為土造彈頭，缺少制式彈頭如平頭、尖頭等形狀設計。此外，因為一般制式槍管內有旋轉的來福線[1]，假如子彈是從制式槍管中擊發，因為摩擦槍管內的來福線軌道，因此也會在彈頭上留下與來福線摩擦的痕跡。但他們卻沒有檢視到來福線痕跡，只在彈頭表面看到不規則的平行線和長條狀紋線，因此這也顯示槍手所使用的並非制式槍管，而是用自製、沒有來福線的土造槍管，及改造槍枝來擊發子彈。

鑑識專家也在鉛彈頭多處發現，黏附自陳水扁案發時所穿衣物上的藍色與白色纖維，且彈頭上也沾染了血跡及生理組織狀物質。經刑事局法醫室人員採集檢體及比對後，確認該血跡與陳水扁案發時所穿衣物上的血跡ＤＮＡ相符。

另一顆槍擊呂秀蓮的銅質彈頭上，也未看到典型的來福線痕，這代表銅質彈頭也是由自製槍管所擊發，而銅彈頭上均勻的同心圓痕，可能是在製造彈頭的過程中，使用旋轉類型機器所留下的痕跡。彈頭底部有一塊缺了三分之一的受損區域，中心區域則是一塊突出部位，此部位很有可能是彈頭與製造它的銅材料最後連接處，有需要時再將連接處剪斷，即可截取銅彈頭。

另外，鑑識專家也觀察到在銅彈頭多處部位上，皆被嵌入了粉狀玻璃顆粒，這些玻璃粉也與正副總統所乘坐吉普車的擋風玻璃材質相似，由此研判，該彈頭曾射穿吉普車的擋風玻璃。

而兩顆被民眾拾獲的彈殼則具相似構造，不論是彈殼外觀、尺寸和金屬組成元素都極為相似，且在彈殼表面上皆能觀察到等距的環形紋痕，是在自製彈殼的過程中，所產生的製造器具的痕跡。兩顆彈殼也具相同的底火構造，底火是由銅金屬所製成，並連接紅色底火帽和砧片，在底火連桿中心部位可見到疑似是因撞針所造成的輕微凹陷痕跡[2]。經過特徵比對後，也可推斷兩顆彈殼可能是由同一臺機器，或同類型的機器所製造。

---

1 Rifling，又稱膛線，為槍炮膛內螺旋形的凹凸槽紋。

2 作者註：砧片、底火帽及底火連桿皆為彈殼內的連鎖擊發裝置，槍機內的撞針打擊子彈底部的底火連桿，然後連桿推擠底火帽撞擊砧片而發火，再引燃彈殼內的發射火藥，將彈頭推射出去。

鑑定團隊也審閱了當時陳水扁與呂秀蓮在奇美醫院治療時，所拍攝的傷口照片及醫療紀錄。陳水扁腹部上的傷口呈現由右往左的細長型態，且由當時所拍攝的照片顯示，該傷口並未持續出血，僅在組織邊緣出血，該狀況也符合在被槍擊時，因高溫而形成的擦擊傷型態。至於呂秀蓮右膝處的傷口，僅為皮下傷，因彈頭只穿過她的褲子與護膝，並未貫穿她的膝蓋，鑑定團隊也在檢視相關資料後，判斷呂秀蓮膝上傷痕，符合遭彈頭撞擊所形成的傷口樣態，他們也認為正副總統身上的傷口，皆為拍照當時所受的新槍傷。

在衣服類證物方面，陳水扁案發時由內而外穿了三層衣服，內層是一件白色內衣，再來是一件白底藍條紋的長袖襯衫，最外層則是一件黃褐色的夾克。鑑識人員在三件衣服正面右下側皆有找到彈頭的射入孔，但在左下側僅發現內衣有射出孔，襯衫及夾克均未發現有射出孔。經顯微鏡檢查發現，在彈孔外緣出現黑色汙漬，而該黑色汙漬經化學分析為鉛的成分，研判為鉛彈頭在穿過衣物時，所接觸轉移的微量鉛顆粒。

另外，除了夾克外層表面上的血跡斑，是因手或其他物體在接觸血跡後，再觸碰夾克表面後，所留下的二次轉移血跡痕。襯衫和內衣上則多為因傷口滲血而直接轉移至衣物上的接觸型血跡斑，在三件衣物的下擺處皆發現與「面速力達母」藥膏成分相似的油漬斑，也符合陳水扁所描述的案發當下處理傷口的方式。

而副總統呂秀蓮作為證物被檢視的衣物共兩件，分別為一件黑色長褲和護膝，在這兩項衣物上的彈孔邊緣皆發現了微量血跡，這些血跡也與接觸性轉移的血跡型態相符，由此可推斷彈頭在射穿呂秀蓮褲子及護膝後，造成她膝蓋少量出血；而在經過DNA鑑定後，也可確定正副總統衣物上的血跡斑，符合兩人的DNA型別，顯現兩人的確受到槍傷。

調查報告中，也提到了鑑識專家對吉普車的勘察結果，彈孔是在吉普車前擋風玻璃的右上側，而該彈孔周圍的玻璃裂紋為密集同心圓型態，其他玻璃裂痕則呈現由洞口向外延伸的輻射狀，符合玻璃遭子彈擊穿的狀態。另外，從彈孔內側玻璃表面比外側所呈現的凹陷狀態較大，以及儀表板上散落的粉末狀玻璃碎片分布情形，皆能顯現彈道的行徑方向是從外側往內側射擊；而鑑識專家也以彈道重建的探針，標示擋風玻璃遭射擊時的彈道方向，經研判射擊的角度約在吉普車右前方五十四度角的位置。

為求周全，李博士的鑑定團隊也做了射擊實驗與彈道重建的實驗，其中射擊實驗是與刑事警察局鑑識科，以及由退休的武器專家所組成的民間團體分開進行。而他們也得出了幾項結論，包括八釐米的自製彈頭，能在改造槍管後的玩具手槍或制式手槍中擊發，即使自製彈頭的動能較低，但依然能穿透衣物和擋風玻璃，而這類自製彈頭也能夠產生類似陳水扁腹部上的擦擊傷。鑑定團隊也在同年的四月十日來到位於金華路三段的槍擊現場，藉由雷射光標示彈道路徑，模擬案發狀況，並分別做了五組彈道重建的實驗。

但不論是射擊或彈道重建的實驗，依然存在許多不確定的因素，由於當時並未即時封鎖槍擊現場，使警方無從確認彈殼掉落的確切位置，且因始終未尋獲槍枝，無法推論出槍管的數據，也未能掌握火藥和底火特性。因此任何實驗都僅是推測；也因兩顆彈頭的金屬材質及硬度不同，以及彈頭上缺乏來福線紋比對，而無法確定是否都由同一枝槍管所擊發，是「一槍兩彈」或「兩槍兩彈」[3]？仍有爭議。鑑識專家即使做了彈道重建，許多問題依然難以在李昌鈺博士的報告中給出結論，包括槍手的真正位置、射擊兩槍的正確角度，以及槍手的確切身高與體重等問題。

子彈製造過程是破案線索

許多問題尚待警方來釐清，為了找出開槍的真凶，警方便從最關鍵的彈頭及彈殼著手調查。雖然這些證物皆因是土造製品，而缺少批號，但其上卻具獨特的製作工具特徵，警方也因而將找出該彈頭及彈殼的製造源頭列為偵查重點。除了加強查緝土造槍彈持有者，也重新檢驗在案發前所查獲的土造和改造槍彈，希望能藉此篩選出與三一九槍擊案件中的證物規格相符的彈頭與彈殼，並追查子彈來源，進而找出軍火製造商。

3作者注：「一槍兩彈」係指同一枝槍擊發兩顆子彈，而「兩槍兩彈」係指不同槍枝各擊發一顆子彈。

經過數月的努力，警方終於從另外兩件槍砲案——「何墩卿案」與「楊志清案」中發現，兩案所查扣的彈頭與三一九槍擊案的銅彈頭底部，皆具高度相似的工具剪痕。警方也相繼在其他槍彈案件中，查扣規格相符的彈頭和彈殼，雖然這種槍彈案件占總查獲的槍彈案件比例不到一％，但這些具有相同特徵的子彈，竟都指向同一個軍火來源——槍彈製造商唐守義的地下兵工廠！

專案小組因而在民國九十三年的十月十三日，前往唐守義位於臺南縣永康市的住處搜索。果然在唐守義家中查獲他記錄土造子彈規格圖的筆記本，而其上所記載的土造子彈結構，包括砧片、底火連桿、彈頭及彈殼的規格皆與三一九涉案子彈規格相符。且唐守義所使用的火藥，也與涉案的彈頭與彈殼上所採集到的殘餘火藥成分相似，皆為煙火類火藥。此外，警方還在他家中查扣土造槍彈製造工具，種種跡象都顯示，唐守義所販售的子彈與三一九槍擊案脫不了關係！

而唐守義製造的槍管也遭警方查扣，警方發現這些槍管皆由實心白鐵鋼鐵裁切後車通並磨製，因此每枝槍管都具獨一無二的紋路。涉案的兩顆彈頭應是在射擊過程中，經過同一枝土造槍管，才會在彈頭底部留下高度一致性，及相似性的平行和長條狀紋線。且唐守義改造的槍彈也具連續射擊的能力，警方因此推測購買唐守義自製槍彈的槍擊案凶嫌，很可能是以「一槍兩彈」的方式射擊正副總統。

在專案小組偵訊唐守義後，他也供出了兩名同夥，分別是張新潔與楊添源，兩人皆曾與他一同製造可搭配不鏽鋼彈殼的銅彈頭與鉛彈頭。一夥人為了掩人耳目，而以啞鈴形狀零件的名義來訂做銅彈頭，在客戶有購買需求時，才會以斜口鉗將中間連桿從彈頭底部剪斷，也才造成該批子彈銅彈頭底部所留下的特殊工具剪痕。而唐守義是在九十二年七月之後才開始販售這種子彈，也讓警方在追查時得以限縮買家購入子彈的時間範圍。

在民國九十二年五月至八月間，唐守義曾將張新潔委託工廠製作的底火砧片帶回自家組裝，他將底火砧片下方磨尖，並組裝成子彈販售。雖然唐守義在發現該做法未能強化擊發效率後，便停止磨尖，但該種類型的子彈卻已賣出約兩百枚，並在九十三年元月售罄。

但不論是銅彈頭底部的工具剪痕，或是底火砧片被磨尖的子彈，兩種特徵都是唐守義集團獨有的產物。尤其是子彈底火砧片下方被磨尖的這種特色，更是只有唐守義個人在限定期間自製的子彈才有的，而這也是三一九槍擊案的鉛彈頭與銅彈頭子彈所共有的特徵。警方由此推斷，槍手購入的槍彈應是透過唐守義的通路流出。

在專案小組成功以「溯源追查」方式，從下游買家購入的彈頭查出販售商唐守義的身分後，他們決定改以「通路追查」方式，根據唐守義供出的販售通路中，反向找到向其購入槍彈的買家。專案小組從民國九十三年五月起至民國九十四年五月止，總共查到唐守義販售槍彈流向共七十五案，而經手過唐守義製造槍彈的涉案人高達一百二十五人。專案小組也在綜合各項資訊後，研判與三一九涉案子彈同批生產的子彈，應是在民國九十二年七月至九十三年的元月間被販售出去。

在排除購買時間不符與涉案機率低的對象後，專案小組鎖定一名買家吳旻璟。吳旻璟是於民國九十二年年底向唐守義購入槍彈，時間點剛好也符合。

唐守義也向警方供稱，由於與不鏽鋼彈殼組裝的銅彈頭和鉛彈頭，這類子彈因彈頭與彈殼所使用的材質與顏色不同，造成外觀較不討喜，一般買家較不愛，且因吳旻璟比較會向他殺價，唐守義因此將這類型的子彈賣給他。所以吳旻璟購入的子彈中，銅彈頭及鉛彈頭這兩類子彈的數量也最多。

警方接著查到在吳旻璟流出的槍彈中，其中一批槍彈轉手賣出很多次，吳旻璟先是賣給陳柏彰，陳柏彰又賣給綽號為「將軍」的黃維藩。而黃維藩在到案後則供稱，他是因其妻舅陳義雄以防身為由向他請託，他才向陳柏彰購買槍彈，並將總共二十發的土造子彈，以及一枝八釐米改造手槍交給陳義雄。他們在警方要求下所做的測謊也無不實反應，但警方卻已無法約談這批貨的最後一位持有者陳義雄，因為陳義雄早在槍擊案發生的十天後，也就是三月二十九日，被人發現溺斃在安平港的十一號碼頭！

遺體纏漁網，自殺、他殺疑點多

專案小組沒想到「陳義雄」這個名字，會再次進入他們的視野中，因為他們早在三一九案發後不久，便懷疑過陳義雄。當時他們曾在兩百多卷現場拍攝的錄影帶中，發現一名形跡可疑的中年黃衣禿頭男子。警方因此在同月的二十六日，公布該名男子的影像。在警方所接獲的三十七件檢舉中，即有情報指出該名黃衣禿頭男為時年六十三歲、臺南市前角力協會主委陳義雄。但陳義雄家屬卻否認該名黃衣禿頭男為陳義雄，後來陳義雄被民眾發現陳屍於安平港區，使專案小組的調查陷入膠著。

警方萬萬沒想到，兜了一圈，最後線索又繞回陳義雄身上。不過，陳義雄的死法不免令人滋生疑竇，他在案發後的三月二十八日下午，即離開位於金華街的家並失去聯絡，等他再被別人發現蹤跡時已是隔天早上十一點，也已變成冰冷的遺體。經檢察官相驗所下的結論為意外死亡，死因則是生前溺水和窒息。

因陳義雄被打撈上岸的遺體上纏繞著魚網，讓專案小組懷疑是否存在他殺的可能性。但負責下水打撈陳義雄屍體的鍾姓救生員對此做了解釋——其實陳義雄的屍體本是背部朝上、臉部朝下的姿態在水中，且陳義雄也僅有手指頭插入漁網網目中，其餘部位皆未遭漁網纏住，他們在打撈時有翻轉屍體，才造成屍體被打撈上岸時，呈現屍身遭漁網纏住的狀況，專案小組因而排除他殺的可能。鍾姓救生員也認為這種雙手被漁網纏住的情形，一般都可以自救，陳義雄是第一位在該水域溺斃的個案。

這點也讓陳義雄的親友深感納悶，因陳義雄生前深諳水性，連去捕魚時都會穿著潛水衣和潛水鞋，應該不至於落水溺斃。他死亡時的衣著也不像要去捕魚，且就算捕獲該水域的魚也不能吃，這也使陳義雄的親友認為他並非只是「意外死亡」這麼單純，甚至有人認為陳義雄可能是畏罪自殺。雖然有親友建議陳義雄直系家屬可對其死因提出申訴，但因當時家屬只想讓陳義雄「平平靜靜的走」，因而未對相驗結果提出其他意見，陳義雄的遺體也很快被火化。

為了確認陳義雄與三一九槍擊案的關聯，並釐清陳義雄的死因，警方在民國九十四年二月十七日對陳義雄的家展開搜索，在陳家發現一本陳義雄生前記錄自己對政治局勢看法的桌曆，上面寫著「阿扁當選後近日遷移大陸人口增加」，以及「大選用公投綁樁才會大翻盤」等對時局不滿之語。但該本桌曆在民國九十三年三月二十二日前的部分卻已遭家屬撕毀，在專案小組監聽陳義雄家屬電話時，才發現原來被撕去的桌曆及陳義雄的遺書，皆被陳家長女以紀念父親為由帶走。

警方為避免證物遭到湮滅，因而在隔月四日再次前往陳家及家屬上班的公司搜查，也強制拘提家屬到案。雖已來不及查扣桌曆和遺書，但在隔離偵訊家屬後，才終於突破家屬的心防。他們在被隔離後所分別拼湊出的陳義雄遺書內容也大致相同，且陳義雄家屬也終於坦承「黃衣禿頭男」與他身形相似，這才讓陳義雄的死因撥雲見日——原來陳義雄真的如同一些親友所言，可能是死於畏罪自殺！

根據陳義雄家屬的說法，在被撕去的桌曆第一頁即寫著「自恨枝無葉，莫怨太陽偏」，也提到了「扁政府上臺……經濟大蕭條」等文字。他在遺書中也表達因陳水扁執政後經濟變差，無法變賣房屋來還債，使他欲「先走一步」的想法。

陳義雄的妻子也曾追問他，關於槍擊案中被拍到的黃衣禿頭男之事，陳義雄也曾坦承「我自己做的事，我自己會處理」，由此可看出陳義雄對時政的不滿，以及對大環境的失望，可能導致他選擇對正副總統開槍。陳義雄的妻子也在警詢筆錄時，坦承她曾見陳義雄剪碎做案時穿的黃色夾克，並以神明廳的金爐燒掉，她也曾在陳義雄要求下，替他修剪鬢角，以防被他人指認。

陳義雄的親友也供稱他的政治立場是偏藍，他曾於案發前一年在TVBS電視臺《二一〇〇全民開講》節目中，表達自己對陳水扁執政的批評，當時他還差點遭現場不同政治立場的民眾圍毆。據親友的證詞，自此之後，陳義雄便以防身為由，開始打聽如何購買槍彈。此外，多名槍擊案現場的民眾也向警方指認，曾在金華路三段十二號至十八號間的槍擊熱區，見到一名相貌疑似為陳義雄的男子。

警方因而推測陳義雄是將其所受之屈辱，以及長期對時局所累積的不滿，藉由槍擊正副總統的方式宣洩出去，但在行動失敗後，感到前所未有的壓力。因「兩顆子彈」所帶來的後果，不僅讓他在被監視器拍到後，成為被懷疑的對象，也讓社會瀰漫藍綠對立的氛圍。

多數輿論也都認為「兩顆子彈」改變了當年總統大選的結果，致使陳水扁再度連任，陳義雄也因此承受了莫大的外界壓力，最終才走上自殺一途。但他為了避免連累家屬，在留下遺書後，刻意製造意外死亡的假象。

專案小組除了將前述偵查結果寫進刑事局的調查報告中，也在報告中提到，陳義雄的家屬之所以在認屍時反應出奇平靜，且對陳義雄是意外死亡的相驗報告並未提出異議，是因他們早在陳義雄生前所留下的遺書中，得知他要以自殺來了結自己生命，但他們卻不願意讓別人知道陳義雄死亡真相。因假若外界得知真相，他們將承受全臺千萬人的異樣眼光，因此他們一開始才會刻意隱匿事實，並銷毀陳義雄的遺書和相關證據。

陳義雄家屬在民國九十四年三月時，分別以錄影和書面方式發出聲明，藉此向社會大眾致歉，因身為家屬的他們是無辜的，希望大眾能還給他們一個平靜的生活。高檢署檢察總長也在民國九十四年的八月十七日，正式宣布三一九槍擊案結案，嫌犯陳義雄也因死亡而予以不起訴處分。

死無對證，結論民眾不買單

本以為事情就此告一段落，沒想到陳義雄家屬卻在時隔約一年後召開記者會，並發表書面聲明，推翻了先前所提供的證詞，並指控當初是因檢警以高壓脅迫的方式，對他們反覆偵訊，他們才在逼不得已之下，說出檢警想聽到的證詞。還表示陳義雄是遭人陷害栽贓，他並非三一九槍擊案真凶，甚至可能不是自殺，而是遭人謀殺！

陳義雄家屬也否認「黃衣禿頭男」為陳義雄，因三一九槍擊案當天，他們曾與陳義雄共進午餐，但檢警卻刻意忽略他們提供的證詞，並栽贓陳義雄涉案。陳義雄遺孀也稱當時之所以勸他燒毀黃色夾克，並替他修剪鬢角，是因為對警方來家中調查感到害怕，並非為了滅證。

她也稱自己聽到丈夫生前說的是「我自己的事，我自己會處理」，並非檢警對外聲稱陳義雄說「我自己做的事，我自己會處理」。她是因當時被檢察官誘導，才多說了「做」這個字，沒想到檢警卻將她的這段話，當成陳義雄承認自己是槍擊案凶手的證詞，讓她深感不甘。陳義雄遺孀也稱一年前，她本來不願意錄影發表道歉聲明，是因當時刑事警察局局長侯友宜以「有什麼事，後果自行負責」的說法威脅她，她才會在擔心之餘，照著警方的擬稿唸，那些在媒體前公開道歉的說詞，都不是出自她的本意。

雖然承辦三一九槍擊案的檢察官與侯友宜，很快的否認了陳義雄家屬的各項指控，且侯友宜還語帶哽咽的稱自己「願意為社會付出，連命都可以不要的人，還會在乎升官嗎？」但時至今日，許多民眾依然對三一九槍擊案的調查結果並不買單，就連多位當事人也希望檢警能重啟調查。

因為即使警方在調查報告中直指陳義雄為槍擊案凶手，也鉅細靡遺的詳述偵查及鑑識過程，但依然存在不少疑點——警方稱陳義雄是委託黃維藩購入槍彈，但陳義雄行凶時所使用的改造手槍到底在哪？陳水扁在案發時所穿的內褲與西裝褲均無彈孔與血跡，引發各界質疑，雖相關人員對此也做不同解讀，卻始終未有個令人信服的說法。

而且射傷陳水扁的鉛彈頭是被卡在襯衫和夾克之間，但夾克並非收口設計，彈頭又是怎麼一路被帶進醫院的呢？醫師在替陳水扁治療槍傷的過程，也未全程錄影及完整拍照記錄，使不少人質疑槍傷是否有可能是在醫院內造假？

另外，採證過程也存在不少疏失，比如，當正副總統遭槍擊時，現場維安警覺性不足，警方也未即時意識到這是槍擊案件，並在第一時間封鎖現場。現場的兩顆彈殼是在停放路邊的車輛旁被民眾發現，經輾轉相告，最後再報警處理。此外，陳水扁在奇美醫院清創及縫合後，也照了X光及電腦斷層掃描，這時醫生才發覺總統背部有金屬異物，總統坐起後才發現衣服內有一顆彈頭。當時也未依照標準流程拍照，並記錄彈頭的位置，且彈頭還經多人傳遞和觸摸，才交給鑑識人員。所以彈頭原來是夾在襯衫和夾克之間，還是襯衫和內衣之間，已無從查考。

不過從襯衫檢驗找不到子彈的射出口來研判，該鉛彈頭很有可能是夾在襯衫和內衣之間，總統倒下清創及拍X光時才滾到背後，坐起來時才被發現。而用來處理陳水扁腹部傷口的紗布，本來被棄置在垃圾袋中，是後來因鑑識需要，才從垃圾袋中撿起。雖然從中有檢驗出陳水扁的血跡DNA及彈頭的鉛粒子成分，但也被質疑證物有可能被汙染，這些問題也造成事後的偵查更加困難，並影響鑑識結果的正確性。

因三一九槍擊案嚴重影響了總統大選的結果，使泛藍陣營質疑大選的公正性，他們推動立法院三讀通過《三一九槍擊事件真相調查特別委員會條例》，並成立「三一九槍擊事件真相調查特別委員會」（簡稱「真調會」），召集相關專業人士擔任委員。但因泛藍陣營席次過半，對民進黨不利，民進黨因而提請大法官釋憲，司法院也在民國九十三年十二月中旬宣告該條例部分違憲，使真調會雖能在改組後繼續運作，卻未能擁有刑事調查權，但他們依然公布了「真調會版」的調查報告。

而其調查結果竟與刑事局的調查結果完全相反——他們除了在民國九十三年的調查報告中，提出前述幾點像是彈頭掉落地點不合邏輯等質疑外，他們也認為涉案鉛彈頭的溫度、速度以及與皮膚接觸的時間，並不會使陳水扁腹部灼傷，該傷口的長度與深度，也無法由涉案鉛彈頭的長度與直徑所造成。真調會甚至認為陳水扁腹部創傷並非在金華路三段上被該鉛彈頭擊傷所留下的，這起槍擊案之所以會發生，很可能是為了「操作選舉」所製造的。

真調會在隔年更提出厚達一百七十八頁的第二份調查報告，身為真調會委員的臺大法醫研究所教授李俊億，也模擬重建了陳義雄的死亡現場，他認為陳義雄並非自殺或意外落水，疑似是死後遭到棄屍！因一般而言，假如陳義雄被發現時是面部朝下且背部朝上，在重力作用影響下，凝固後的血液應會在臉部、胸部和腹部之處形成屍斑，而在死亡八小時後，屍斑位置即會固定，身體也會呈重度僵直。但鍾姓救生員發現陳義雄屍體時，屍斑已固定在背部位置，這也表示屍體本來並非面部朝下，可能遭人移動過！

真調會也在仔細比對後，指出兩顆涉案彈頭的刻擦痕並不相符，無法證明子彈是由同一枝槍管射擊，因此他們認為刑事局調查報告中所提出的，兇嫌是獨自犯案，且做案是以「一槍兩彈」的說法並不嚴謹。在推翻了刑事局調查報告中多項事證後，真調會也建議，立法院應將本案移送最高檢察署來重啟調查。

直至今日，關於三一九槍擊案的真相始終未有定論，每個人都有自己堅信的說法。沒想到一晃眼，竟已過了二十一年，本案的真相對許多人而言依然是個未解謎團——檢警所公布的結果會是最後的真相嗎？還是真相早已遭人掩埋，永遠不會有揭露的一天？現今年輕的一代，許多人根本沒聽過三一九槍擊案，或許早已無人在乎真相，大家在乎的只剩下個人生活、感情、事業，或是利益的追求。那些曾經震撼全臺的政治事件，正逐漸被遺忘在歷史的角落。

臺灣超級大案鑑識現場

「鑑」微知著，不起眼的破案關鍵

圖、文／曾春僑副教授

微物跡證係存在於犯罪現場的微小物質，通常是透過物理接觸轉移而來的。微物跡證範疇很廣，包含油漆、纖維、塑膠、玻璃、泥土、射擊殘跡、縱火劑、毒物、化學物等，其價值在於連結人與人、人與物、人與現場之間關連性。微物跡證一般較細小、肉眼難以辨識，容易被忽略，故在現場處理時更需特別留意。法國法醫學家、犯罪學家艾德蒙·路卡德（Edmond Locard）在一九二八年發表路卡交換原理（Locard Exchange Principle），中心精神在於「任何細小微物，只要經過接觸，必定會發生物質轉移」，更加確立微物跡證運用價值。

根據現場證物狀況，以及相關分析步驟，採集方式如下。

一、直接收集法：可使用鑷子將肉眼可見之毛髮、纖維、油漆等挑取後，收集並存放於潔淨的容器中；亦可用低黏度膠帶於可疑區域黏取，再逐一檢視可疑之纖維；對於DNA等物質，可用特殊棉棒於表面輕微刷掃後收集。

二、液體收集：可用吸管直接吸取殘留液體，或是以特定溶劑清洗表面後，分析溶劑內含物質。

三、靜電採樣：使用靜電採樣裝置吸附表面纖維或塵土，特別是在灰塵鞋印（見圖3-1、3-2）或纖維採樣時可用到。

▲圖 3-1 使用絕緣滾輪，讓足跡膠膜與足跡更貼合。再利用靜電足跡採取器，讓鞋印吸附到膠膜上。（攝影／吳毅平）

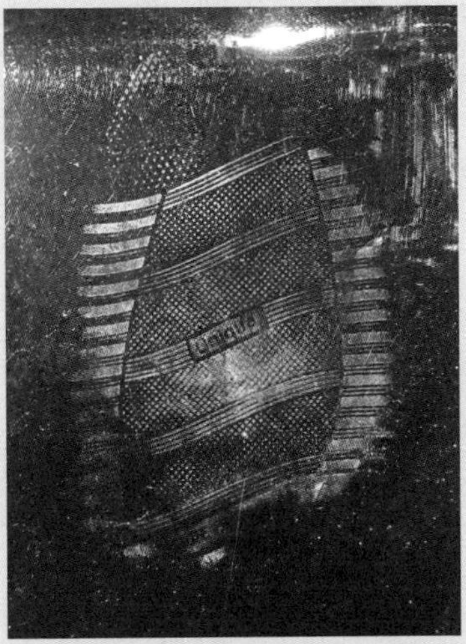

▲圖 3-2 轉印到膠膜上的鞋印。（攝影／吳毅平）

四、真空吸取法：使用特殊過濾裝置和吸塵器吸取表面微小物質，特別適用於地毯、布料等不平整表面。但因後續可能會有篩選困難等問題，故目前較少使用此方法。

而為了能有效分析各類刑案微物跡證，根據樣品種類、分子量、分析目的、時效性等不同考量，可概略區分為非破壞性與破壞性檢測兩大面向。

非破壞性檢測

非破壞檢測（NonDestructive Testing，NDT）是在不影響檢測對象未來使用功能，或現在的運行狀態下，採用紅外線、電磁、超音波……等原理技術儀器對材料、零件、設備等進行缺陷、化學、物理參數的檢測技術。在實際應用中比較常見的有以下幾種：

一、光學顯微鏡比對法：透過各類顯微鏡，觀察樣品表面結構、顏色等，進行基本排除比對。

▲圖 3-3 數位顯微鏡。可用於觀察樣品表面結構、顏色等，進行基本排除比對。

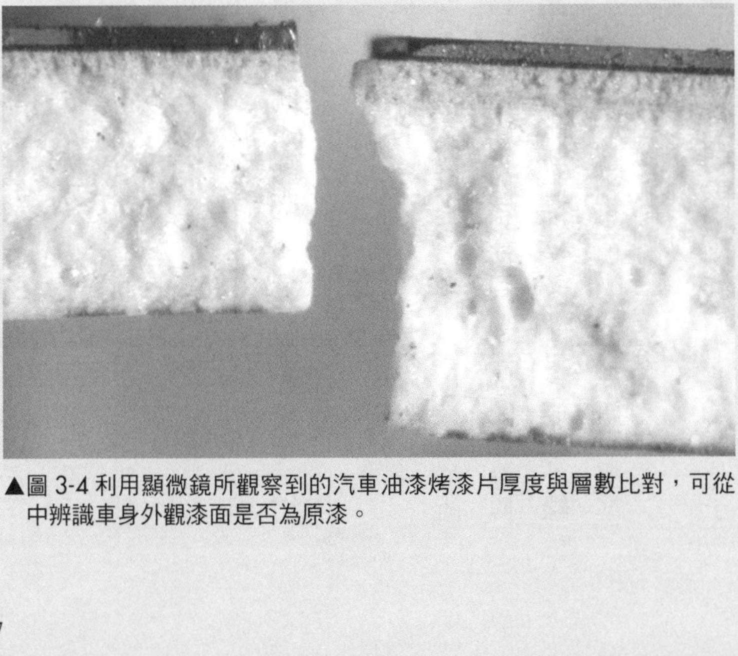

▲圖 3-4 利用顯微鏡所觀察到的汽車油漆烤漆片厚度與層數比對，可從中辨識車身外觀漆面是否為原漆。

二、中子活化分析法（neutron activation analysis，NAA）：想知道已知成分樣品內，是否存有未知的極微量元素時可用此方法，例如鉛彈頭內之特定微量元素、毒品內之特殊元素，或分析不同彈頭碎片是否來自同一彈頭，均可由內部微量元素比對達成。

三、掃描電子顯微鏡／X射線能譜分析法（SEM／EDS）：研判樣品元素組成與含量分布，如射擊殘跡、火工品爆燃殘跡、彈頭微物、高溫焊珠等，均可使用此設備（見左頁圖3-5、圖3-6）。

四、傅立葉轉換紅外光譜儀（FTIR）：以紅外線照射具偶極矩化合物後，不同官能基（functional group）產生振動和轉動，以及能階（energy level）遷移所產生的紅外線吸收光譜有所不同，在偵測器上會形成不同干涉圖，這些圖經過傅立葉轉換運算，將基於時域的訊號轉換為頻域，經訊號處理後，即可形成紅外線吸收頻譜，由於不同官能基具有特定波數，因此將分析結果與光譜資料庫之標準樣品數據相比對，即可得知樣品分子結構（見第一二〇頁圖3-7）。

五、核磁共振光譜法（NMR）：一種分析化學的技術，對於需要了解分子

▲圖 3-5 使用掃描電子顯微鏡所見玻璃碎片。

▲圖 3-6 SEM/EDS 設備。319 槍擊案中，陳水扁總統傷口檢體內含金屬鉛成分分析，即使用此設備完成。

結構之新興毒品（如喪屍菸彈）、或由毒品內含不純物追蹤上游來源、混合性炸藥比對等，均可使用此技術。

破壞性檢測

破壞性檢測會損壞原本待測樣品，樣品消耗後就無法回復，故為鑑定最後步驟。破壞性檢測係將大分子樣品透過分解、分裂方式，轉化為小分子樣品，從而得知原本樣品化學結構，以下為刑事實驗室常用

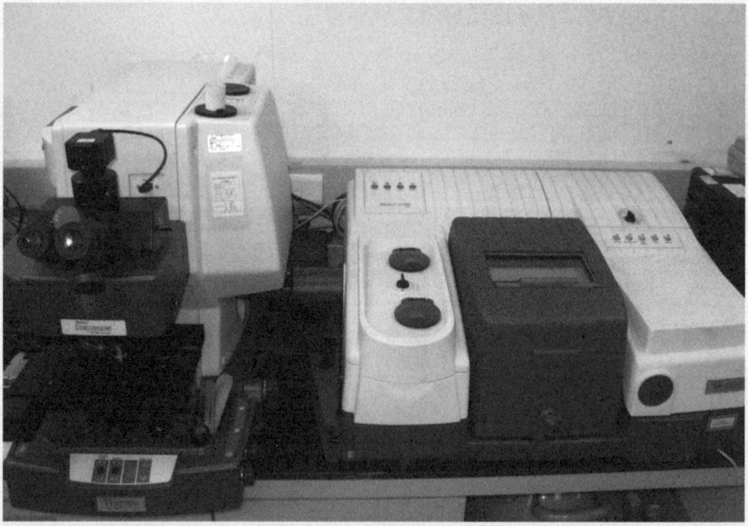

▲圖 3-7 傅立葉轉換紅外光譜儀，是藉由樣品分子對不同波長紅外線的吸收所產生的特徵光譜，來進行材質的鑑別及研究，適用於分析包括特用化學品、半導體、鑑識學……。

的分析方法：

一、感應耦合電漿質譜儀（ICP-MS）：擁有較高的分析靈敏度和動態範圍，可以分析樣本中元素種類與含量，如玻璃成分、彈頭碎片、鉛筆墨跡成分、偽造硬幣等。

二、熱裂解氣相層析質譜儀（Py-GC／MS）：在無氧狀態下將高分子樣品加熱至攝氏三百五十度至一千度，使其快速裂解成微小分子，藉由裂解譜圖特徵判斷樣品組成、結構和性質。可針對氣相層析法[4]不能進行的大分子物質做分析，如塑膠、橡膠、合成纖維、塗料、膠黏劑等（見下頁圖3-8）。

三、氣相層析質譜儀（GC-MS）：一種結合氣相色譜法和質譜法的特性，在試樣中鑑別不同物質的分析方法。常用於尿液、毒品粉末、縱火物等分析。

犯罪者為逃避查緝，清理、加工或變造犯罪現場已成為常態，現場證物往往

4 在有機化學中對易於揮發而不發生分解的混合物，進行分離與分析的層析技術。

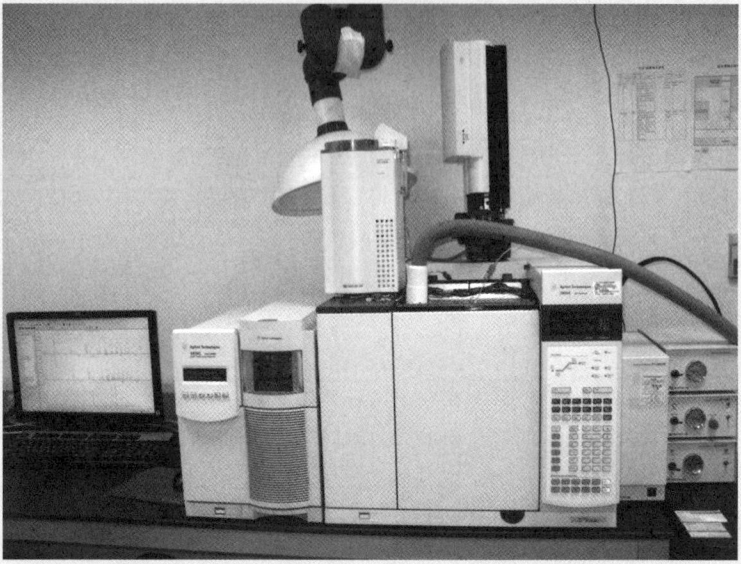

▲圖 3-8 熱裂解氣相層析質譜儀。可針對塑膠、橡膠、合成纖維、塗料、膠黏劑等大分子物質做分析。

所剩不多，因此只能往微物跡證方向發展，所幸在儀器分析技術輔助下，方能與犯罪者相抗衡，在可預見未來，仍會有更多分析技術運用至此領域內。

4

下雨天，犯案天？

—— 專搶運鈔車的雨衣大盜，民國 101 年

臺灣是個潮溼多雨的國家，平均降雨日數大約有一百四十天左右，較為乾旱的年分，下雨日數也有超過一百一十五天。雖然大部分的人不喜歡下雨，但雨水也是孕育土壤、滋潤大地的重要資源，尤其進入冬天後的臺北，總是陰雨綿綿的狀態。然而，這樣的天氣，也曾經是身為警察的我們，一個很大的惡夢……。

從民國九十一年一直到民國一〇一年，竟然有嫌犯藉著雨天的特性犯案，在這十年間，就發生了七起銀行運鈔車搶案。從監視器拍到的歹徒犯案身影來看，歹徒每次出現的裝扮都是頭戴全罩式安全帽、身穿斗篷式雨衣、身高約一百七十公分左右，騎著偷來的機車專搶運鈔車，並會持槍進入犯案現場，看起來這七起犯案手法是如出一轍。也因為在下雨天這身穿著十分正常，也富有隱蔽性，歹徒就乾脆專挑下雨天犯案，所以這惡名昭彰的搶匪，也被稱為「雨衣大盜」。

每逢下雨警方就心驚驚

我是在民國一〇〇年退休的，雨衣大盜是我在退休前的夢魘，因為每次犯案可能會開槍，造成人員傷亡，且銀行搶案又都是非常大的案子，需要大批員警馬上趕抵現場，常常弄得人仰馬翻。所以每次開始下毛毛雨，大家就會開始緊張，深怕雨衣大盜會挑選這樣的天氣來做案。長官也總會特別提醒，要巡邏的員警加強注意和戒備。

說到這起棘手的雨衣大盜案件，時間要回溯到民國九十四年十二月七日，當天也是下著綿綿細雨的日子，就在下午四點多，位在臺北市南京東路的臺灣企銀騎樓，兩名保全人員拿著運鈔袋準備進入銀行，突然傳出兩聲槍響！在迅雷不及掩耳之下，歹徒搶走了運鈔袋、騎著機車揚長而去。

一般銀行的保全人員只身穿防彈背心、手拿電擊棒，根本不敢跟手持真槍的歹徒對抗，所以在短短三分鐘內，一千一百五十七萬元的現金瞬間被搶，又是一樁運鈔車搶案！這已經是民國九十一年以來第三起案件，但想找到歹徒談何容易？在當年監視器的設置並不普及，全臺灣的官方監視器系統，加起來不到三萬支，根本無法用監視器找出歹徒的路線行蹤。

不過在案發兩個小時後，警方在臺北市的巷弄當中，找到了歹徒做案用的銀色

１２５摩托車，雖然上面掛著的是變造的車牌，但在機車上找到歹徒遺留做案用的手套，經過鑑識採證及分析，鎖定了歹徒的ＤＮＡ。可惜的是，輸入ＤＮＡ檔案資料庫搜尋比對，卻無法比出對象，也讓原本士氣大振的警方，再次希望落空。

到底歹徒是誰？這名南京東路臺灣企銀運鈔車搶匪，跟先前兩起運鈔車搶案有關嗎？警方開始針對這三起運鈔車搶案進行研究，發現歹徒的做案模式十分類似，懷疑這幾起案件可能是同一人所為。

歹徒在一開始都會先嚇阻性的鳴槍，如果保全人員靠近或抵抗，就會朝著非致命的部位一槍打下去，在抓緊機會後，立即搶奪運鈔袋、快速逃離現場。做案歹徒十分聰明，心思細膩，而且非常熟悉警方辦案的技巧，甚至了解銀行運鈔作業程序及防盜演練。他算準了運鈔車抵達的時間，選在騎樓下手犯案，從來不會踏進銀行一步。

因為一旦進入銀行，銀行裡有警衛或保全，甚至早期某些銀行警衛還有配槍，所以很有可能被警衛、保全及其他人員制伏，或被行員反鎖在銀行裡無法逃脫、或增加被監視器拍到影像的機會。

這名搶匪十分狡猾，特別選在雨天犯案是經過嚴密的計畫，除了穿著斗篷式雨衣及全罩式安全帽，能夠遮蔽身體及面貌特徵外，如果不小心留下了指紋或是其他的微物跡證，也會因為雨水的沖刷而被破壞掉；再加上，下雨時戶外監視器影像，會因為雨滴而變得更加模糊，使得畫面更難以準確辨認。而且，下雨時，大眾對周遭事物的警覺性會比較低，只會專注在自己及路況上，較不會留意身旁發生的事，也讓歹徒有更多做案的機會。

就這樣，雨衣大盜不斷犯案，在短短八年間就犯下六起運鈔車搶案，其中搶劫的金額從幾百萬元到千萬元不等，分別是：

- 民國九十一年十月二十一日：中信證券南京分公司，涉案金額：兩百零六萬九千三百七十六元。
- 民國九十三年八月十一日：台新銀行復興分行，涉案金額：四百七十六萬五千九百六十六元。
- 民國九十四年十二月八日：臺灣企銀南京東路分行，涉案金額：一千一百五十七萬元。

- 民國九十六年四月二十日：合作金庫中山分行，涉案金額：一千六百七十九萬元，兩名保全中彈，一死一重傷。
- 民國九十七年四月二十一日：臺北青年郵局，涉案金額：四百三十萬元。
- 民國九十八年三月六日：國泰世華銀行復興分行，涉案金額：兩百七十八萬四千一百七十七元。

其中，民國九十六年的合作金庫中山分行搶案，除了被搶走現金外，還造成兩名保全人員中彈，其中一人身亡。案發當天，雨衣大盜用相似的手法犯案，先是開槍擊中郭姓保全，他受傷倒地，身體壓住了運鈔袋，歹徒企圖翻動保全身體搶奪運鈔袋。另一名周姓保全看到後，馬上折返現場企圖制止，沒想到此時的雨衣大盜突然壓制蹲下的周姓保全，並由上往下開槍，子彈剛好閃過防彈背心，呈四十五度角打中保全的左肩膀，貫穿左上、下肺葉，傷及脊椎，造成大量出血，合併有氣胸和血胸，經搶救仍不治身亡，成了雨衣大盜運鈔車搶案下的首位犧牲者。

時任臺北市刑大大隊長黃明昭表示，為預防歹徒再次犯案，只要下雨就會通報各分局啟動「雨衣大盜專案」，加強金融機構周邊及運鈔車沿線安全維護。警方多年來的持續調查，也始終掌握不到這名狡猾的雨衣大盜嫌犯特徵及行蹤。

追十年，靠一根菸蒂逮到他

自民國九十八年搶案後，雨衣大盜沉寂多年，民國一〇一年又重出犯案。但詭異的是，這次挑在大晴天下手！多年來，警方嚴守在雨天戒備、慎防運鈔車搶案的勤務規畫，沒想到這次雨衣大盜出其不意，竟在晴天犯案，這到底是同一人所為？還是模仿犯做的？警方也摸不著頭緒。

民國一〇一年三月二十六日，先前曾被歹徒洗劫的臺灣企銀南京東路分行，又再次被搶！下午三點多，保全人員正提著運鈔袋回到銀行，沒想到就在戒備的時刻，預藏在樓梯間的雨衣大盜突然竄出，尾隨在保全人員後，不久就連開數槍，造成羅姓保全雙腿中彈，並搶走三袋、共計一千兩百五十萬元現金，隨即騎著機車揚長而去。

專案小組立即調閱銀行監視器發現，早在運鈔車抵達的十幾分鐘前，雨衣大盜已經躲進銀行的樓梯間，在頂樓的監視器有拍到他的身影。他不斷看著手錶，並一直向窗外張望，在算準時間下樓後，抱著紙箱、遮擋拿著槍的右手，隨即轉彎衝出樓梯口，尾隨保全人員到銀行入口，就對著提運鈔袋的保全開槍，搶走運鈔袋後騎機車逃逸。

不過，這次歹徒不是穿著斗篷式雨衣，他一樣戴著全罩式安全帽、穿著軍用綠色的風衣式外套，歹徒的容貌特徵一樣難以辨認，但是從犯案的手法來看，警方不排除這次也是同一名雨衣大盜案犯，於是迅速成立了「〇三二六」專案小組來緝捕搶匪。除了調閱上千支監視器外，更判斷歹徒應該會事先勘察環境及提早到現場等候，因此以搶案現場及棄車地點為中心，針對周遭巷弄街道，鉅細靡遺來回搜尋每一個歹徒可能留下的線索。終於查到搶匪可能在現場等候時，抽過的菸蒂，沒想到這根菸蒂竟然成為關鍵的破案線索。

在民國一〇〇年時，臺北市政府花了二十多億元，建置了約一萬四千支高效能的監視器，也因為藉由這些清晰影像的協助，讓警方的破案率提高了許多。而這個雨衣大盜在民國一〇一年再次犯案時，因為監視器系統已建置完成，警方也立即運用監視器系統的「同心圓理論」來追查。所謂的同心圓理論指的是由犯案的地點開始，從周遭的路口監視器先調閱第一圈的影像，找不到再調第二圈，以此類推，就可以知道這個歹徒從那裡來、往那裡去。

此外，警方的鑑識人員也在現場進行仔細的採證，有採到搶匪開槍後遺留在現場的一顆完整子彈、三顆彈殼和三顆彈頭，經送刑事警察局鑑定後確認，三顆彈殼都是口徑九釐米制式彈殼，而且彈底特徵紋痕都吻合，認定是由同一槍枝所擊發。本案現場的彈頭及彈殼經與先前六起搶案的彈頭及彈殼進行比對後發現，與民國九十六年合作金庫搶案現場查扣到的四顆彈殼彈底特徵紋痕，以及四顆彈頭來福線特徵紋痕均相吻合，確認兩起搶案是同一把槍枝所擊發！

專案小組運用同心圓理論的方法，調閱監視錄影帶，找到了距離臺企銀幾百公尺外，歹徒停在龍江路上的做案機車。在車廂內發現可能是歹徒遺留的一件雨衣，在其衣領上採到的DNA跡證，經過比對後也確認跟民國九十四年臺企銀搶案，車廂內找到的手套ＤＮＡ跡證型別相吻合，確認是同一人所為！不過經輸入ＤＮＡ檔案資料庫搜尋比對結果，依然比不到對象。

另外，根據警方從監視器影像的觀察研判，這名雨衣大盜心思非常細膩，就連進超商買菸、騎贓車到加油站加油的過程，無論是掏錢、找零都全程配戴安全帽跟手套，不留下任何蛛絲馬跡。

從影像中警方還看到這名搶匪會抽菸，而且在觀察地形時抽很凶，他抽的就是「大衛杜夫淡菸」。由於當時抽這種香菸的人相對比例上不多，專案小組就再成立了「查菸小隊」，指派專人前往大臺北地區四大超商門市查訪，並將所有會買這種菸的民眾監視畫面帶回比對。

果然，警方在比對幾萬支監視器畫面的過程中，發現臺北市五常街一處監視器畫面有疑似雨衣大盜身影，且這個人在案發前一週，每天都出現在案發現場及棄車地點周圍，但是在案發後就消失得無影無蹤，所以專案小組就鎖定了這個人。另一方面，查訪中也在五常街上的一間超商，取得同一人購買「大衛杜夫淡菸」的畫面。因為，鑑識人員在案發現場附近，也採證到這款牌子的菸蒂，所以更增強警方的信心。

警方根據歹徒影像研判，這名男子的體格強壯、有點外八的走路方式，研判應該是經常健身運動、或練習武術的人，估計身高大約在一百六十八公分至一百七十公分左右。掌握到這些訊息後，專案小組憑著監視器畫面，向臺北市各健身中心及單項運動協會逐一查訪，不過還是遲遲無法獲得有效的線索。

直到一位偵辦此案的小隊長無意間與老朋友聊天，朋友看到雨衣大盜的影像特徵時說：這個人的走路方式、身形和穿著打扮非常眼熟，不過一時之間想不起來。過了幾天後，朋友指認出，他與雨衣大盜有一起吃過飯，大家都稱這個人「王董」，他開著名車、有在玩滑水運動。這時雨衣大盜的身分才首次曝光！

為了怕打草驚蛇，專案小組拿著監視器影像畫面，來到滑水協會調查，並聲稱：因為有一家運動用品店有物品被偷，剛好這個人有上門消費，所以才找上門詢問。協會的人看了看說，這個人就是王淵啊。

這名叫做王淵的男子，是滑水協會的成員，常在蘆洲的微風運河滑水，平常似乎也沒有固定的工作，不過生活非常豪奢，名下也有四輛高級名車。警方也查出他有公共危險、槍砲前科，馬上將他列入頭號嫌疑犯。沒想到，王淵竟然聽到風聲，知道有人去划船協會打聽他，心裡知道不妙，便將七百二十九萬元的贓款藏到密室，另外三百萬元贓款及一批槍械，交由朋友保管，準備逃跑出境。

王淵前往桃園機場後，臨櫃買了長榮航空飛北京的機位，但在他準備從自動通關系統出境時，因警方早已將他列為境管對象，所以他一通關，就被卡在兩道玻璃門中間，由移民官通報臺北市刑警大隊攔到嫌犯。移民官員在檢查行李時，發現裡面除了有新臺幣、美金、人民幣外，還有二十多包的大衛杜夫淡菸。

他還不滿的說：「就跟你們說裡面沒有東西！」、「你們為什麼要一直刁難我！」不久後，警方帶著拘票來到機場，當場逮捕王淵，並將他上手銬、腳鐐，帶往王淵位於臺北市大安路一段的大樓住處進行搜索。

出身警界世家，父曾破運鈔車搶案

從機場回臺北的路上，王淵一路沉默，對於警方的任何問案，他都保持緘默，堅持要等律師到場。警方在搜索約三個小時後，將王淵住處內的蘋果電腦、iPad及衣物，包括一些軍品包包、腰帶等證物，都帶回警局採證；此外，警方還到王淵女友位於桃園大溪住處搜索，也在房子暗格當中，查獲七百二十九萬元的贓款、一枚震撼彈、消音器及四個長短彈匣等證物。

隔天，警方也突破王淵的心防。他說，之前有帶一袋物品到某大學，找以前在電視臺工作時的朋友寄放。警方找到王淵的朋友後打開包包一看，沒想到裡面卻是火力驚人的槍彈，包含三枚手榴彈、一枝突襲步槍、兩枝九〇手槍、一枝改造霰彈槍，另有將近三百發子彈及各式軍火用品，簡直就是小型的軍火庫。

警方在逮捕王淵時，也立即採集他的唾液DNA，送到刑事局進行比對。結果民國一〇一年臺企銀南京東路分行搶案，案發現場遺留的菸蒂DNA型別，與嫌犯遺棄的機車內雨衣衣領DNA型別，以及民國九十四年臺企銀南京東路分行搶案，警方找到的車廂內手套DNA型別，均與王淵的DNA型別相吻合，證明民國九十四年以及民國一〇一年的兩起搶案都跟他有關。

而民國一〇一年臺企銀南京東路分行搶案，及民國九十六年合作金庫中山分行搶案，兩者現場的彈頭來福線特徵紋痕，及彈殼彈底特徵紋痕經比對均吻合，確認是同一把槍枝所擊發。另外，在王淵被查扣的槍枝中，有一枝GLOCK廠制式手槍，經試射比對結果，其彈頭及彈殼的紋痕特徵也跟上述兩件搶案，現場的彈頭與彈殼紋痕特徵均相吻合，證明犯案的就是這一把凶槍。所以王淵在第四次偵訊時，才在律師的見證之下，承認民國九十六年的合作金庫中山分行搶案，也是他所做，只要有物證可以連結證明，他就認了。

但是其他四起，王淵卻堅持否認，因為金額太小了，搶的錢根本不夠他花！而這次，是因為欠下八百萬元卡債，所以他才急著在晴天犯案，留下跡證，最後遭逮；另外在合作金庫搶案中，擊斃一名周姓保全人員，王淵聲稱，是因為保全不願意放手，他才會開槍，他只想求財，並未刻意取人性命。

專案小組進一步調查他的背景才赫然發現，五十二歲的王淵，他父親曾擔任過臺中市警局的刑警隊長、分局長，母親也是女警隊的隊長，他的父親在刑警隊長任內，還曾偵破臺中一起運鈔車搶案。可能在耳濡目染之下，了解警方對於案件偵查的手法與技巧，難怪警方多年來都對這個雨衣大盜束手無策。

警方追捕十年的雨衣大盜終於被逮，也讓警察鬆了一口氣！終於在下雨的日子可以稍稍安心了。

雨衣大盜不只一人？

不過，另外其他四起搶案是怎麼一回事？難道雨衣大盜另有其人？尤其最早發生的雨衣大盜案件是在民國九十一年，難道王淵不是正牌的雨衣大盜？警方經過現場彈殼撞針痕跡比對後發現，王淵持有的槍枝的確跟其他四件重大運鈔車搶案的彈殼撞針痕跡不同，但警方也不排除他有另外藏匿做案槍械的可能。

此外，犯下另四起重大運鈔車搶案的「雨衣大盜」，不僅身形與王淵不同，開槍姿勢、犯案所穿的鞋也不同。而且警方研判，王淵做案比較粗心大意，現場遺留了菸蒂和機車內的雨衣及手套，但另外四起案件的雨衣大盜，在犯案現場只有留下彈殼。警方因此推斷可能另有其人，但不排除兩人相識，一起犯下桃園楊梅兩件運鈔車搶案後拆夥，各自持槍繼續在臺北市犯案。不過其他四起案件究竟是何人所為？因為沒有確切的物證，我們也不得而知。

民國一〇二年十二月，最高法院依強盜殺人等罪判他無期徒刑，褫奪公權終身，併科罰金一百一十萬元確定。而王淵的女友林香蘭，一審認定她從民國九十五年起接受王淵搶劫得來贓款，每月獲得三萬元到五萬元零用金及數萬元生活開銷。民國九十六年四月間，更收受王淵以贓款買來的ＢＭＷ汽車、房屋一棟，共犯下兩個收受贓物罪，判處應執行八個月徒刑，可易科罰金，林香蘭在高院審理中撤回上訴，判刑確定。

在我退休之前，雨衣大盜的案子一直是我心裡的痛，為什麼這些案件連續的發生，卻無法偵破？不過也拜臺北市的監視器增設，和ＤＮＡ技術的提升與檔案的擴充，使得案件能在我退休後一年，順利偵破，還給被害人一個公道。

在此，依然要提醒大家，下雨天還是要多加注意，除了天雨路滑要留意腳步、視線不佳騎車或開車都要小心外，歹徒仍有可能會特別挑在雨天犯案，因為穿雨衣犯案不容易被辨識，而且跡證有可能被雨水破壞，所以還是要多加留意，多一分警覺，就會少一分傷害。

臺灣超級大案鑑識現場

DNA微量跡證已成主流

圖、文／曾春僑副教授

刑案現場，各類動、植物與菌類等跡證均可進行DNA分析，近幾年各縣市陸續挹注經費成立DNA實驗室，微量生物跡證運用已漸成為主流，加上特定案類涉嫌人DNA型別，自民國一〇一年開始擴大建檔，及微量DNA檢測技術提升，故運用績效逐年上升。而案發現場常充滿各種垃圾及雜物，故須就案情，研判跡證可能存在型態與位置，再針對可疑部位搜尋。以下說明常用之判斷邏輯：

一、**型態與位置判斷**：由案情、現場狀態、查證重點等，研判證物類型與可能存在位置。例如性侵害案件，較著重精液可能留存位置，如內褲、床單等；暴力犯罪，則針對涉嫌人血跡可能噴濺位置做採證。一般常見重點如血液、精液、唾液、痰液、檳榔渣、口罩、指甲縫皮屑、皮膚接觸過物品，均有一定機率可驗出DNA型別。案件中常見檢體有毒品吸食器具（見左頁圖4-2）、指紋煙燻後DNA分析、勒斃死者繩索或電線、棄屍綑綁用尼龍繩或膠帶、燃燒過汽油彈內毛巾、粗糙板模接觸部分、汗液乾燥斑跡、槍枝握把、歹徒遺留手套殘片、攀爬位置、各類排泄物如尿液，嚴重燒毀大體等。

二、光源檢視：以不同角度可見光、多波域光源（見第一四二頁圖4-3）、紫外光與紅外線光源觀察。檢體因存在環境差異，有不同光源波長與適用濾鏡，例如織物上血液斑可以紅外線搜尋，精液斑則以紫外光或紫色、藍色、綠色等四百五十奈米以下多波域光源觀察，唾液斑適合紫外光或四百一十五奈米，及四百五十奈米波段。

初步鑑定

全世界刑事實驗室均面臨證物數量過多情況，故一般只會針對關鍵跡證進行分析，其他的通常先予以保存，若俟後有爭議時再行鑑驗。為能精確研判關鍵證

▲圖 4-1 飲料瓶口或吸管，為 DNA 採樣重要標的。

▲圖 4-2 毒品吸食器具各部位可採集微量 DNA。

物所在，避免錯失破案良機，因此必須由勘察人員先在現場做初步篩選，以下說明常見之現場初篩步驟：

一、**初步試驗**：大都在呈色與催化試驗基礎上進行，不同檢體其初步試驗方法各不相同，以血液來說，過去常用快速變成深藍色的鄰二甲基二胺基聯苯（o-Tolidine），變成綠色的四甲基聯苯胺，變成藍綠色的無色孔雀綠等，現今則多以呈現粉紅色之酚酞測試（Kastle-Meyer Test）為主，針對血跡可能遭

▲圖 4-3 多波域光源組，可用於發現現場體液斑跡、爆炸殘餘物……。

大量沖洗之表面，可用魯米諾（luminol）試劑測試（見圖 4-4）；精液常用酸性磷酸酶（ACP）試驗；唾液則以碘呈色試驗分析可疑痕跡內是否存有 α 澱粉酶。

二、確認性試驗：過去常用的結晶測試目前較少使用，目前多以顯微鏡觀察或免疫試驗法為主。鏡檢法常用在陰道分泌物與精液檢測，陰道分泌物內有核鱗片狀上皮細胞，可用 Lugol 試劑與內存肝醣反應，顯微鏡下可觀察到棕色上皮細胞；精液可用聖誕樹染色法（christmas tree

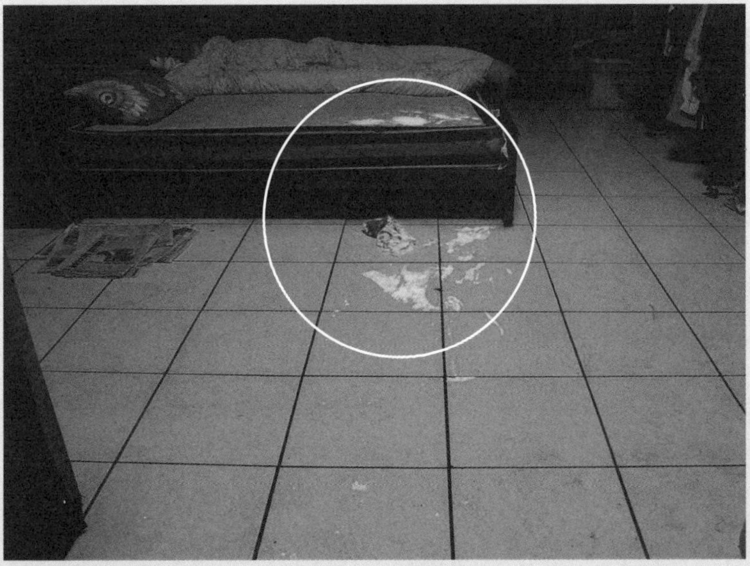

▲圖 4-4 清理過之血跡，可用魯米諾試劑重現。

staining），以 Picroindigocarmine 將精子頸部和尾部染成綠色，以 Nuclear Fast Red 染料將頭部染成紅色，顯微鏡下見到這些顏色存在，就可確定精子存在。

DNA 分析

DNA存在於細胞核與細胞質中，根據分析目的、案情、證物型態等，會就不同標的作分析。針對細胞核時，標的為 DNA-STR，針對細胞質時，標的則為 mtDNA。

一、DNA-STR：短重複序列（STR）為染色體內以 2-7 鹼基為一個重複單元，因單元長度小，故以短重複序列稱之；利用 STR 作人身鑑定原理是，每個人身上各處 STR 基因型都會完全相同，包括血液、口腔上皮細胞、髮根、精液、唾液等的 STR 基因型都會相同，且根據遺傳法則，STR 基因型一半來自父親，一半來自母親，因此可做為血緣與身分鑑定工具。目前國際多數執法機關均以美國聯邦調查局發展的 Combined DNA Index System（CODIS）系統內設定的 STR

基因為比對標的。

現場篩選後的生物跡證經由萃取、純化、聚合酶連鎖反應（PCR）複製、毛細管電泳[1]分離特定片段DNA後，配合雷射自動偵測，一個小時內即可得知STR型別。這些STR基因座分布於不同染色體內，若有父系遺傳鑑定需求時，會再分析Y染色體內各STR基因座，一般而言，子代Y-STR基因型會與同一父系所有男性Y-STR基因型相同，亦即同一父系之旁系血親男性間，或祖孫間均具有相同之Y染色體DNA型別，因此可做父系溯源分析用。

二、mtDNA：精卵結合時，精子粒線體無法進入受精卵，故子代粒線體係來自卵子，粒線體DNA（mtDNA）亦成為母系遺傳分析標的。一個細胞內mtDNA單元多，當刑案現場跡證量微，或是裂解嚴重導致DNA-STR無法完整複製時，則可針對mtDNA做分析，世界上最著名案例當屬俄國沙皇尼古拉二世家族遺骸分析

1 Capillary electrophoresis，利用毛細管中被分析的帶電分子在電場作用下，因移動速率不同而達到分離不同分子的目的。

▲圖 4-5 較大血液斑跡 DNA 檢測技術已經非常成熟。

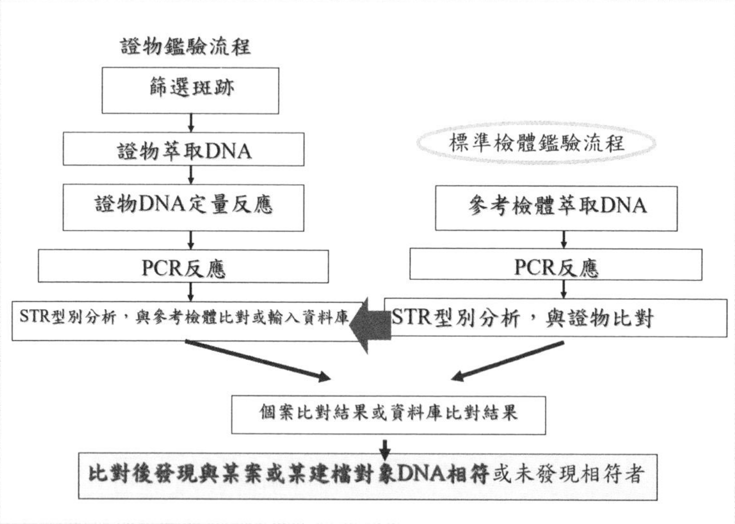

▲圖 4-6 DNA 鑑定比對流程。

案，證明無名墳塚內遺骸均為消失的沙皇家族成員，並在一九九八年重新於聖彼得堡的彼得保羅大教堂舉行國葬。

目前 mtDNA 分析標的為非密碼區之替代環區（D-loop），其中 HVI 及 HVII 位置變異最大，最有區分性，因此實驗室會針對該片段複製後進行序列分析，比對證物之序列，除一般刑事案件外，親子鑑定、無名屍、大型災難罹難者之身分鑑定均常運用此技術。

DNA 法定建檔

為能掌握前科犯蹤跡，民國八十八年公布《去氧核醣核酸採樣條例》，規定性犯罪或重大暴力犯罪之被告或涉嫌人均為強制採樣對象，民國一〇一年再次修法擴大建檔，包括特定槍砲、毒品案件均為建檔對象。根據警察機關去氧核醣核酸強制採樣與管理作業要點規定，採樣時使用口腔黏膜 DNA 樣本採集卡（FTA 卡），經由刮擦、按壓與風乾程序後，將檢體送至刑事警察局分析建檔。

由於ＤＮＡ與指紋為最具生物辨識特徵之標的，因此資料庫內逐年累積許多資料，成為身分鑑別的依據，唯多數刑案現場嫌犯遺留生物跡證不多，且可能因時間與環境因素而裂解，這均有賴各階段鑑識人員共同努力才可完成艱鉅工作。

第二部

真相不會缺席，只是遲到

5

水火滅跡證，摧毀兩個家

——金金銀樓搶案，民國 99 年

我在民國一〇〇年退休。這一年，剛好是我踏入鑑識領域屆滿三十三年。三十三年能讓一個年輕小夥子變成童山濯濯的中年人，也能讓菜鳥累積起鑑識專業上豐富的經驗和自信。但是，就在我即將退休的這一年，卻發生了一起讓我百思不得其解的案子，一起看似簡單，實則謎團最深的案子。

這個案子顛覆了我對犯罪的了解及鑑識的自信，彷彿在提醒我，不管經驗多豐富，面對每一個案件都要完全放空、歸零，因為，鑑識是一門不能太有自信、太快下定論的行業。

那就是金金銀樓搶案。現在回想起來，建國一〇〇年第一天的凌晨，特別冷冽。不眠的臺北城，跨年的煙硝與喧囂，歷經數小時方才漸趨安靜。從傍晚便翹首聚集的城市居民，在繽紛花火中互道 Happy New Year 的高潮過後，慢慢隨著夜深散去。我們也從待命的崗位上結束勤務，終於要帶著一天的疲憊回家了。

收拾完桌面的文件，我前腳正要離開，電話突然響起，還留在辦公室的同仁們停下動作，面面相覷。我接聽電話後，打起精神通知大家：「有火燒命案，東西帶著，準備出發了。」

倒數計時的歡慶聲猶然在耳，手邊就接到民國一〇〇年開年頭一宗重大刑案。電話那頭傳來的資訊是，位於臺北市民生社區寧靜巷內的金金銀樓，店東兩人在暗夜裡命喪火窟，母子來不及迎接新一年的絢爛煙火，卻迎來死神降下的第一場惡火。

我們抵達命案現場時，消防人員已將火勢撲滅。銀樓鐵捲門因救火而鋸開一個大洞，母子兩人已被緊急送醫，但其實當時已無生命跡象。

由於鐵門從內深鎖，原本一度懷疑是因為電線走火，死者來不及逃生，導致這樁悲劇。但是，警消人員進入現場不久後，發現諸多疑點，感覺案情並不單純，因此便通報我們接手勘察。

不翼而飛的金飾，與血跡四濺的現場

我本身同時也是臺北市消防局的火災鑑定委員，多年來對火場的勘察與鑑定已有豐富經驗。本案經消防鑑定火災原因，因為發現有多處起火點，而且起火的方式為點燃紙張或衣服引火，所以推論是屬於人為火。我到現場勘察後，也同意是縱火，但從鑑識的角度，我更關心這對母子是怎麼死的？是人為縱火下意外燒死？抑或是歹徒故意殺人再放火毀屍滅跡？

勘察過現場後發現，銀樓因為先後遭受火災肆虐及消防水柱噴灑，現場凌亂不堪。入內後，明顯看到陳列櫃上空蕩蕩，大量金飾不翼而飛。再往店後方勘察，老闆娘日常操作的金飾加工臺旁，保險庫半掩，鑰匙還插在上頭，裡面的財物全被搜刮一空。店主李玉鳳陳屍加工臺下，從工作臺下方的噴濺血跡研判，應是被人壓在桌下活活打死。

原本放在工作臺下的監視器主機也被搬走，所以無法調閱案發當時店裡發生的狀況，但這也顯示歹徒可能知道店內監視器的運作及主機的位置。而最裡面是兒子鍾昆霖臥房，他死在床上，應是在睡夢中被壓制，遭鈍擊殺害，因為枕頭上有血液流淌，枕頭旁也有四處噴濺的血跡。

這很明顯是一起凶殺命案。經法醫相驗，死者兩人都是頭部受鈍物重擊，頭蓋骨因受外力敲擊，導致粉碎性骨折，研判凶器可能是榔頭。兩人都沒有防禦性外傷。死者的氣管與鼻腔黏膜，都沒有吸入性的燒灼與炭屑，由此研判，凶手應是強盜、殺人後，企圖縱火毀屍滅跡。

於此，犯案動機的輪廓已然形成，但破案契機仍有賴相關採證。證據在哪？我的心裡自動萌生兩個問題。第一個是，歹徒怎麼進來的？第二，做案後又怎麼出去？

前門入口的電子密碼鎖並沒有遭外力破壞，如果不是熟人所為，就可能是歹徒以誘騙或脅迫的手段侵入被害人住宅，並從後門逃逸。可是我們在現場鑑識時卻發現，後門是栓上的。但我們研判，不排除後門的栓鎖是最初到場滅火或處理的警消人員無意間栓上的。因此，後門與後門門鎖，以及門外的防火巷，我們都一一進行勘察採證。

這個案子最麻煩的是，命案現場因為先遭逢火災，接著又被消防水柱噴灑，大部分的跡證都被破壞了。還好，令人欣慰的是，後來在一張座椅上發現一處可疑的血跡。鑑驗後發現與死者和家屬的DNA並不吻合，我心想，這應該是嫌犯不小心受傷留下的，一定可以據此證據追查到凶手，加以定罪。

我們調閱銀樓的後巷監視畫面，發現嫌犯的確是從後門逃離現場。從監視器畫面看到，火災發生時，有一名身穿女性外套、頭戴半罩式安全帽的男子，手提著一個包包，從後門出去，再從防火巷小跑步離開。到了外面的機車停車處，他將安全帽脫掉，隨意放置在一輛機車上，便走掉了。

經家屬指認，外套是死者李玉鳳的，安全帽則是李玉鳳的女兒男友放置在店內的。我們取得這頂安全帽，確實檢驗出死者女兒男友的指紋與DNA，但遺憾的是，上面並沒有採到嫌犯的任何跡證，不過，可以確定的是，安全帽是凶手從案發現場拿走的重要物證。而街頭監視器中，脫掉安全帽之後的此人影像，便是有待偵查人員追緝的頭號嫌犯。

火災發生時，店主的女兒因不在現場，逃過一劫。她回憶當天下午，曾打電話給哥哥鍾昆霖，邀他跨年夜一起出遊，全家人聚餐吃火鍋。她的哥哥因為有事未能成行，沒想到這通電話，竟成了家人與她最後的訣別。火災發生後，她獲報趕回家，卻為時已晚，母親、兄長已天人永隔。

悲傷至極的女兒，一邊哭泣，一邊回憶案發前和家人最後聯繫的情形，她想起母親曾在傍晚時打電話給她，提到有個保全人員來洽詢更換門鎖密碼的問題。警方循著這條線索，查證後發現，附近也有銀樓指稱，的確有一個保全人員來詢問密碼更換的事。因此，偵查人員便找這家保全公司來指認影像，發現影像中的人正是他們的離職員工林煜荃，警方調閱此人當時的手機蜂巢位置發現，案發當時，他確實就是在附近。

我們心想，只要比對林煜荃的DNA和現場遺留的血跡，兩者若吻合，就能將他繩之以法。但是，萬萬沒想到，這血跡的DNA並不是他的，無法證明他在案發現場。這項結果也擊垮了我們原先滿滿的自信，難道說還有共犯嗎？但是監視器畫面上明明只有顯示一個人走出後門防火巷。

我突然想到，這難道是消防隊員救災時不小心受傷所遺留的，只是第一時間不敢吐實？後來經詢問及採集當時在場的消防人員DNA比對，證實果然如此。至此，本案在鑑識上可說是一無所獲。安全帽上沒有採到任何歹徒的跡證，原本以為能成為破案直接證據的現場血跡，也證實並非林煜荃所有。

現在只剩下外頭監視器畫面中，身穿死者外套，從後門走出並將安全帽放在機車上的影像，作為指認凶手的依據。

就在死者頭七當天，林煜荃落網了。

頭七落網，尾七獄中輕生

林嫌被收押後，冷靜沉默，心防頑強，一開始否認犯案，經過數度偵訊，終於鬆口，坦承偽裝成保全，誆騙店東要做安全檢查，進入店內。放火後，再戴上店內的安全帽，穿上死者李玉鳳的外套，喬裝逃逸。但是，有關強盜與殺人等細節以及金飾的下落，他始終堅不吐實，還不斷翻供，誤導警方調查。

與警方周旋多時後，他因為沒有通過殺人犯行的測謊，最後終於崩潰認罪，並寫下「像我這麼失敗的人，判死刑最好」的自白，便從此保持緘默，拒絕再說任何一句話。

儘管林煜荃已經認罪，但全案還是必須查出贓物流向，才能宣告偵破，警方只好擇日再借提他，設法突破心防。沒想到，卻發生了一件匪夷所思的事情，讓全案永遠陷入迷霧中。

二月二十一日清晨六時許，臺北看守所管理員從監視畫面觀察到，牢房裡的林煜荃提早起床，坐在馬桶上沉思。管理員以為他在上廁所，便未繼續監控。

不料，數分鐘後，林煜荃突然身體傾斜，雙手撐住右邊沖洗廁所的蓄水桶，把頭埋入水中一分多鐘，接著他身體向左倒地，不斷抽搐，口吐白沫。室友被他倒地的聲響驚醒，馬上按警鈴求助，經緊急送醫搶救後，林煜荃仍宣告不治身亡。

臺灣百年監獄史上，首度有收容人以這種離奇的方式自殺。在林煜荃的筆記本內，留下了一則兩百多字的遺書，大意是說「不想活了」。

根據獄方的說法，其實管理員向來特別留意他，因為他十分陰鷙沉默，幾乎整天都坐在牢房內不說話。但沒想到他竟然在未被起訴之前，就用這種詭異的方式自殺。同房室友指稱，從未聽他提過任何尋短的念頭。

一般監獄裡若有犯人自殺，最常見的是上吊、割腕或吞食異物。牢房裡沖洗廁所的水桶高約五十公分，直徑約三十五公分，林煜荃自殺的水桶中，水深不過十公分，裝的又是肥皂水，吸入肺部比一般清水還嗆，技術上很難溺死。況且，一般人即便一心求死，也不容易違抗生理本能的反射動作，所以要以這種方法自殺成功，真的需要十分驚人的決心，才能在僅十公分深的肥皀水中溺斃。在我三十多年的鑑識生涯中，這是破天荒第一次。

這件事留下兩個無法解釋的謎團。其一是，林既已認罪，為何連判決都不等，寧願以死了結，而且是用這種堅決的方式求死？其二是，林既然要死，為什麼不交代清楚案情，究竟在保護什麼？抵死也不願透露贓物下落，求死的意義何在？難道說，他有什麼重大的祕密，因為害怕時間拖久了，自己會洩露口風，所以才以這麼絕決的方式保守祕密？

以鑑識的邏輯與經驗來說，這個案子讓我無法釋懷的是，看似很簡單，實際上卻遇到很多困難，結局滿是無解的謎團。鑑識上因水火兩個破壞因素，幾乎採不到跡證。而讓我們自信滿滿的血跡，卻出人意外，根本與林煜荃無關。以犯罪心理學來說，林煜荃最後認罪卻不說實話，寧可以這麼痛苦激烈的方式自殺，也不等到審判定讞，實在是不合邏輯與常理。所以僅管他已經認罪，甚至自殺身亡，我對此案還留有很多質疑。

難道說，林煜荃決意要在那個時刻，用這種方法溺斃自己，是因為一股難以言喻的「壓力」？這壓力來自何處？背後有太多想像空間。是受到暗影幢幢的良心譴責所驅使？抑或如同許多人繪聲繪影的傳聞，背後有一雙「無形的手」將他的頭壓入水中？關於冥冥中的力量，無法用科學證實，因此我也難以論斷有無這種可能性。

此案令人不勝唏噓。在鑑識科學中，火與水，對證物是兩股極大的破壞力量；在這個案子中，火與水無情的力量，也摧毀了兩個家庭。

金金銀樓遭遇「火劫」，奪去母親與哥哥兩條性命，鍾家的女兒，直到嫌犯被逮，都不敢告訴中風的父親，母親與兄長已經離世的惡耗。一個四口之家就此崩解，剩下孤女獨力照顧老父。而林煜荃以「水劫」償還生死果報，但他的死，對被害者家屬來說一點幫助都沒有。不僅如此，他在獄中的日記也透露出死前的遺憾：「很多事想做但沒法做，也看不到我兩歲的孩子了……」。很多人好奇並揣測，林嫌想必將搶來的黃金暗中留給自己家人，但警方調查許久發現，這批金飾完全沒有流入市面，林煜荃家人的生活也沒有絲毫改善，甚至因為他犯案並自殺，妻女因此陷入愁雲慘霧中。

從新年前夕，到春節過後，短短不到兩個月間，三條人命，兩個無法團圓的家庭瓦解、崩垮，隨著凶手自殺，案子也戛然宣告偵結。

悲劇發生後，拉起封鎖線的火場，出現了奇怪的傳聞，很多人說夜間經過時，看到老闆娘李玉鳳在店內掃地，因此有很長一段時間，左鄰右舍到了晚上便紛紛打烊休息。鍾姓被害家庭後來更搬離傷心地，金金銀樓原址招牌卸下、鐵門緊閉，從此租不出去。

除了這類奇譚魅影，我想，這起事件，也許要直到某一天，突然有人大叫：「啊！這裡怎麼有一堆黃金！」才可能重新劃下一個新的句點吧……。

臺灣超級大案鑑識現場

起火點位置研判

圖、文／曾春僑副教授

火災現場調查，首重起火點判斷，再由起火點燃燒狀況、碳化程度與證物分析結果，研判可能起火原因。一般來說，**自然起火通常為單一起火點**，且火流與殘跡受現場空間配置、火焰飛行、通風管路、動線規畫、物品掉落等因素影響。燃燒痕跡均為「比較」而來，亦即根據燒毀程度、時間差異等做判斷，若與自然發生狀況不符，例如多處起火點等，均要強烈懷疑人為縱火可能性。

整體火災調查，包括察覺火災之處置、消防單位滅火，滅火後現場調查等過程，且除物證之外，尚須與各方證詞相互驗證。整體過程以確認起火位置最為關鍵，有關起火點研判方法，綜合消防署「火災原因調查鑑定書及火災原因紀錄製作規定」與國內常見火災態樣，說明如下：

一、**當事人證詞**：包括未起火前現場物品種類、擺放與儲存位置，以及起火後，相關目擊者證詞，例如報案人陳述之發現過程是否合理；是否有嘗試進行滅火；自行滅火後器材丟棄位置、火災警報器發報紀錄等。業主部分，包括現場使用狀況、租賃期間保險狀況、各種外在糾紛之說明。救災人員證詞則包括救災過程、現場所見情況、火流方向、異常狀況等。各方證詞除與現場狀況比對外，亦可配合天候、搶救狀況、附近監視設備影像等做判斷，了解當事人證詞可靠度。

二、**各種異常延燒痕跡**：正常情況下火焰會往上發展，但若因現場空間、助燃劑等影響時，火焰延燒方向就會產生變化，這些處所往往就是重要跡證所在。

- V型燃燒型態：正常情況下，燃燒會伴隨氣流與溫度變化，火焰會由下往上發展，且越往上痕跡範圍越大，以V型或半V型呈現，角度越小時代表燃燒速度越快。在V型最底部，最可能為起火點（見第十頁上圖），因此可就該處做各種殘跡採樣，確認是否有外來物質殘留，例如縱火劑等。
- 反常向下燃燒痕跡：如前述火流會由下往上發展，因此若有向下延燒等不正常擴張痕跡，就要懷疑可能有人為添加易延燒物質狀況，這些痕跡亦為採樣重點。

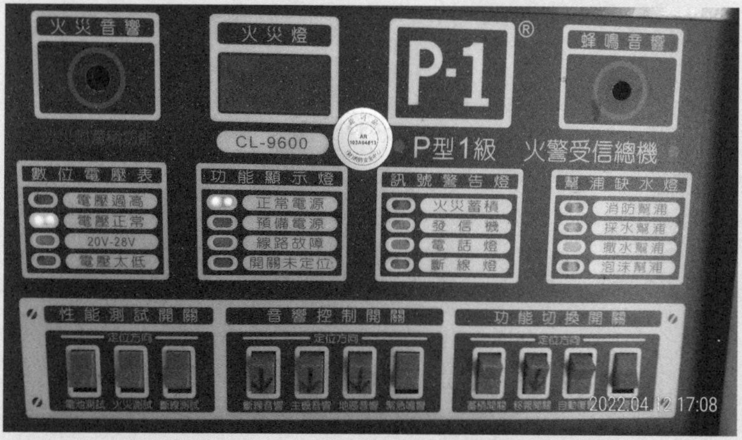

▲圖 5-1 目擊者證詞與照片，和火災受信總機紀錄為火災重要判斷依據。

▲圖 5-2 偏僻且非供停車處所之汽車火災，常與做案車輛滅證有關，更須留意縱火劑與其他微物跡證。

• 燒毀差異痕跡：正常情況下，起火點燃燒時間較久，燒毀較嚴重，若現場某些處所燒毀狀況特別嚴重，則該處即為採樣重點（見左頁圖5-3、圖5-4）。燃燒程度可根據現場材料不同，以剝落、燒穿、軟化、熔解、熔凝、白粉化等狀況呈現，甚至由煙燻狀況亦可判別。

• 不規則燃燒痕跡：火災燃燒要素之一為可燃物，若可燃物分布異常時，燃燒痕跡亦不規則，如當縱火劑噴灑在未堆積雜物地面時，該處可能會呈現不規則液體燃燒痕跡。若滲入多孔性物質內再燃燒，則空隙內會呈現較多煤煙。

• 七彩痕跡：多數縱火劑為石油化

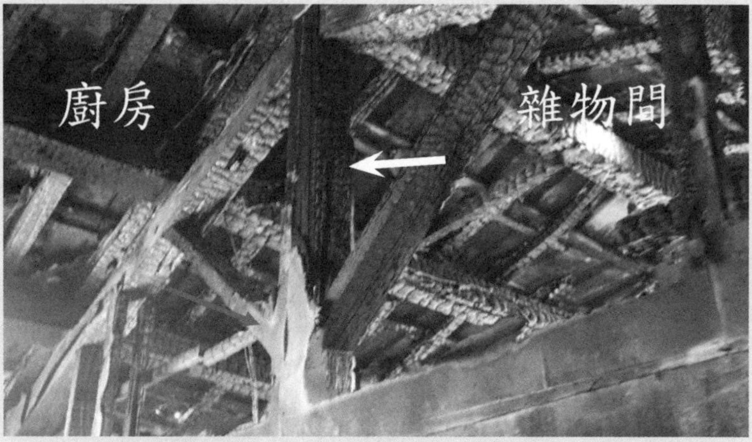

▲圖 5-3 右邊燒毀較嚴重，因此由雜物間往廚房延燒。

▲圖 5-4 由牆壁剝落與木頭碳化狀況，顯示火流由客廳延伸至雜物間。

學產品，且與水不互溶，射水後分子量較小之縱火劑會漂浮於水漬上，以光線照射時呈現七彩痕跡，因此取樣這些七彩痕跡做比對，亦可了解縱火劑成分。

三、異常電氣痕跡：電器設備引發之火災，因短路故障後，常伴隨各種不正常放電或電流進出痕跡，藉由這些痕跡可判斷火災發生的原因。

・電線熔痕：若有電線短路情況，瞬間產生較大電流並產生焦耳熱[1]，接觸點因高溫而熔化導線或端子，形成短路放電痕跡，這些痕跡常為起火位置。

・設備老舊、故障或鬆動之異常痕跡：如配電盤等處，因施工疏失導致螺栓鬆動，電線包覆破損，電容器內部絕緣

▲圖 5-5 石油化學類產品延燒時，常伴隨大量黑色濃煙。

劣化、長時間漏電時在漏電點、著火點與接地點之碳化痕，均為設備因素引發之異常放電痕跡。

‧石墨化痕跡：絕緣體表面附著水分或塵埃，引起火花或電弧高溫，若持續存在時，則會導致石墨化而起火。

‧環境因素引發的電氣火災痕跡：最常引發之因素為雷擊與靜電，雷擊會有明顯電流進出痕跡；靜電通常痕跡不明顯，災害態樣常與粉塵或可燃氣體爆炸相結合，因此須配合現場可燃材料之最小點火能量，與其他因素做研判。

四、物品、開關等異常狀況：亦即違反一般人生活習慣之物品擺放位置，或是在人類趨吉避凶本能下所做出的各種反應後，衍生的現場態樣。

‧菸蒂、打火機、蚊香、鋰電池等生活用品。若發現可疑發火源物品，則須了解現場進出人士生活習慣，相關容器內，如菸灰缸、垃圾桶等是否有相關殘留物。

‧可疑焊屑。通常與施工疏失有關，尤其現場同步進行多項工程時，若有油漆

---

1 電流通過導體（如電線）時，由於導體具有電阻因此會產生熱，此導體內產生的熱稱為「焦耳熱」。

或是裝潢材料堆放，即可能因為高溫焊花引發火災事故。

- 開關或設備異常狀況。電源、瓦斯、爐火開關是否異常，是否有跳脫或洩漏情況，違反常規配線設計、擅自拆裝與修改設備、延長線使用、負載使用，或是電線受重物擠壓等態樣，均有助於研判可能起火位置與原因。
- 屍體位置。正常狀況下，死者逃離現場時，會下意識遠離火源，因此與避難（陳屍）位置相反方向處，較有可能為火源或燃燒較嚴重位置。
- 物品移動與毀損狀況。起火位置通常燃燒較嚴重，易出現物品掉落或天花板坍塌情況，在排除物品變動係射水或救災動作影響後，物品變動較大區域，較有可能為起火位置。
- 與現場無關物品。凡與該處使用或生活目的不符合之物品，均可能與起火有關，如大樓內炭火盆、夏天啟動之電暖器、棉被內吹風機、一般住宅囤積油漆等。

火災除引發巨額財產損失外，亦常伴隨人命損失，故牽涉到各項保險理賠與犯罪追訴程序，完善現場調查與起火原因判定，為後續刑事司法流程順利與否重要關鍵，火場調查人員在前述調查原則下，應秉持科學原則，以完成火調重要工作。

6

16 歲少年的殺人祕密

——景美電腦行強盜殺人案，民國 86 年

我常說，比起有期限的刑期、有形的牢房，「心牢」更是犯罪者如影隨形的懲罰。無論是內心的自我道德譴責，或是半夜害怕被死者索命的壓力，自己犯過的罪行、做過的壞事，都不可能會因為時間而淡忘。

儘管有許多案件因為種種原因，無法在第一時間偵破，不過凶手一定擺脫不了沉重的心牢束縛。像是冷案[1]的偵辦，如果在案發多年後能夠找出凶手，對死者或家屬來說，都是欣慰的事；但如果案件查了又查、凶嫌找了又找，還是無法水落石出，對於承辦案件的員警來說，也是掛在心中、難以忘卻的遺憾。

像是至今大眾討論度依然很高的「桃園中壢電器行命案」，在民國九十二年案發時，雖然店內監視器拍到的畫面及聲音都十分清晰，加上刑事局冷案中心，曾經在民國一〇五年用一滴血的DNA比對，及被害人的指證，串聯出三起重案的共同嫌犯。但在沒有更有利的事證下，這起案發至今已超過二十年的案件，仍因找不到這名殘忍的凶手，依舊無法偵破。

我曾經手過的「景美電腦行強盜殺人案」，同樣也是懸宕將近二十年，就在追訴權時效快要到期之際，因為一枚留在命案現場的血指紋，與冷案中心更新的指紋資料庫比對，而鎖定了一名有毒品前科的男子，後續也透過跡證的DNA比對，確認這名饒姓男子，就是殺人凶手，成功解開了塵封將近二十年的真相。

身中二十七刀，葬身血泊中

這起案件發生在臺北市景美地區，案發地點附近有熱鬧的景美夜市、市民休閒登山最愛的仙跡岩，以及以新聞傳播聞名的世新大學，而且案發的時間還是在傍晚五、六點，人來人往的地方，為何會發生如此駭人聽聞的殺人命案？

這間位在大學附近的電腦行生意還不錯，因為當時電腦才剛興起，所以想要組裝、維修電腦，一定要靠電腦行的專業。而這間「華韋電腦量販店」平時是由常姓夫妻共同經營，主要是由常姓老闆負責電腦維修、買賣及送貨，蘇姓老闆娘

1 cold case，指刑案發生後，不論因為哪種因素所致，造成案件無法立即偵破，即是冷案。

則是負責處理店內帳務等大小事務。

民國八十六年四月八日，常姓老闆在下午四點多騎機車出門，要到大同區送貨，再順路去幼兒園接四歲的女兒去外公家，在接近傍晚五點多時騎車、載著電腦器材回到店，但一到門口就覺得怪怪的，原本都會出來迎接的妻子怎麼沒有出來？靠近店門口一看，竟然在店面玻璃門上看到一滴鮮血流了下來！常姓老闆驚覺不對勁，跑進店裡，發現太太脖子被刺了多刀、倒臥在血泊之中。

在驚慌之餘，常姓老闆用手按壓住太太的脖子試圖止血，但是摸到的是冰冷的身體，也沒有任何脈搏跡象，他馬上打一一九求救。救護車及收到通報的員警隨即趕抵現場，不過蘇姓老闆娘已經明顯死亡。到底是什麼樣的深仇大恨，讓被害人被無情砍殺？

這間電腦行其實店面不大，門口是手動左右開的玻璃門，室內空間大概只有五、六坪[2]而已，不過裡面擺滿電腦器材及各式材料，店裡有櫃檯，裡頭擺放傳統的收銀機。警方到場後發現店內一片凌亂，東西四散各地，而被害者就倒臥在收銀臺旁邊的地板上，雙眼瞪大、面無血色，地面上可說是血流成河，被害者流出的血液厚厚一層，至少累積有〇・五公分，牆壁、物品上也都是飛濺的血跡。

當時在刑事組服務的我的學生——高仁和，剛好就在附近，獲報後第一時間就與其他警察同仁趕到現場。當時我是臺北市警察局刑警大隊鑑識組的組長，在接獲通報後，馬上帶著鑑識同仁到現場進行採證。不過一到現場發現到處都是血腳印，因為當時比較沒有現場保存的概念，所以不管是救護的人、調查的人，都是直接踩踏進去命案現場，也導致採獲的跡證，須再花更多時間一一比對排除。

在此特別提醒，刑案發生後，除了第一時間到場的員警及救護人員外，其他沒有緊急必要的偵查人員及各級長官，還有跟案件有關的關係人或證人等，都必須在現場的勘察採證、相驗完成後才能進入現場。否則進入現場的人越多、時間越長，被破壞的情形一定越厲害，會嚴重影響後續的勘察採證。所以在刑案現場的標準作業程序有規定，現場經初步處理完畢及封鎖後，除了檢察官、法醫以及鑑識人

2 一坪約三・三〇五八平方公尺，五坪約十六・五二九平方公尺。

員外，其他人是不准進入現場的（見圖6-1）。

在法醫相驗後，這名蘇姓老闆娘身中二十七刀，全部集中在頭、頸部位，刀刀致命，氣管、喉嚨都被砍斷，凶手肯定是殺紅了眼，才會用如此殘暴的手法將人砍殺身亡。案件一出也震驚臺灣社會，大眾都在猜測，到底歹徒和老闆娘之間有什麼樣的深仇大恨呢？

一枚血指紋封存十九年

根據警方調查，現場店裡的收銀

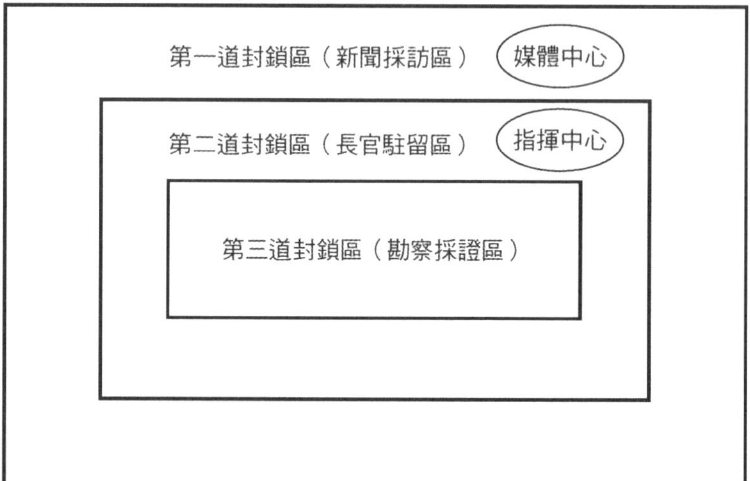

▲圖 6-1 刑案現場會設立三道封鎖區管制。（圖／謝松善）

機是被打開的狀態，在常姓老闆清點財物後發現，至少有七萬多元的現金不翼而飛。難道是竊盜失風，將目擊者殺害嗎？警方暫時只能往這個方向來推斷，因為殺人動機不外乎情、財、仇這三個方向。

情的部分，據了解，電腦行夫妻兩人從大學時就認識，先生是日間部學生，妻子則是夜間部，兩人從學生時期就是人人稱羨的神仙伴侶，相戀多年決定結婚、一起開店，在幾年前也生下一名可愛的女兒，多年來兩人的感情都十分融洽。仇的部分，夫妻倆做生意非常老實，平時沒有與人結怨，因為附近是大學的關係，所以生意往來大都以學生為主，不太可能會有什麼糾紛或仇恨，所以警方就朝著強盜殺人的方向著手偵辦。

不過令人不解的是，案發的時間研判是下午五點多，正好是下班時間，而且電腦行位在人來人往的景美夜市附近，旁邊又有大學，應該會有人看到異狀或聽到怪聲吧？但警方訪查周遭鄰居後，都沒有人有任何發現。鄰居表示，因為電腦行的店面玻璃門上，貼滿各式海報和促銷廣告，遮蔽了視線，所以也沒有特別去注意。另外，電腦行隔壁有間機車行，平時機車行發出的聲響也很大，可能也因此掩蓋住被害者呼救或打鬥的聲響。

至於現場跡證的部分，當時鑑識小組在現場，並沒有找到做案用的凶刀，不過在一個塑膠袋上採集到一枚血指紋，這個指紋疑似是凶手左手食指的完整指紋，我們稱為明顯紋。

一般命案現場會出現的指紋型態有三種：第一種是成形紋，就是立體的指紋型態，例如嚼過的口香糖、小學生的黏土，手在上面按壓後就會留下立體的指紋紋型，我們可以利用照相來進行採證；**第二種是明顯紋**，例如手沾了血，再按壓在淡色物體上所留下的指紋紋型，因為是有顏色的，用肉眼就可以看到，所以稱為明顯紋；**第三種是潛伏紋**，因為我們的手會流汗，而汗液是透明、看不到的，所以用手按壓在物體上面，就會留下看不到的汗液指紋紋型，所以稱為潛伏紋。要拍照及採證，就必須用粉末沾附，或是用化學藥劑呈色，抑或是用氣體薰蒸方式使指紋變有顏色。

而在本案，鑑識人員也在抽屜和桌面採到三枚不完整的指紋，現在最重要的就是將採集到的跡證帶回去比對，希望能夠從中過濾出凶手的身分。

可惜的是，儘管這枚關鍵的血指紋非常的清晰、明顯，但是不論怎麼比對，都沒有結果。再加上，當年監視器還不普及，沒辦法從影像掌握凶手的長相特徵，警方只能從地緣關係及列管分子開始著手調查。

警方先是鎖定了一名轄區內的竊盜慣犯，有傷害的前科，當時是名通緝犯，不過一時間也找不到這名男子，所以先到他的住家進行訪查。警方跟媽媽說：「你兒子涉嫌強盜殺人，他人到底在哪？」媽媽一聽不得了，馬上打呼叫器[3]叫兒子回來。當天晚上，這名涉嫌的男子從外地回臺北，不過他因為有案發時間的不在場證明，排除犯案的可能。

另外，警方接獲密報，有位日本料理師傅可能涉有重嫌，因為被害人身上的刀傷，刀刀致命、手法俐落，警方推斷這把凶刀可能不是一般的刀具，也可能是名善用刀子的人。再加上，這間日本料理店離電腦行非常近，大概只有三百公尺

3 俗稱 BB Call，是一種具有接收簡易文字資訊功能的個人無線電通訊工具。

而已，而且這名日本料理店的師傅有殺人未遂的前科，常常喝酒鬧事，曾經好幾次在喝酒後拿刀揮舞、威脅其他店內員工，所以警方馬上約談他到案說明。

他表示，案發當時他人在店裡，店裡的其他員工也說，每天晚上營業前，大約四、五點的時間大家都在備料，所以這名日本料理師傅也有不在場證明，警方也同步比對了他的指紋，確認現場留下的這枚血指紋不是他的，所以也排除涉案。

就這樣，耗費半年時間調查可疑對象、比對指紋，警方依然一無所獲，隨著時間一點一滴流逝，這起殘忍的殺人案件就慢慢的沉寂了下來，常姓老闆與女兒，也搬離這個傷心地。

這十九年你睡得好嗎？

案子一晃眼就是十九年，當時的刑事案件追訴時效只有二十年的時間[4]，眼看就要過期了，這枚封存的清晰血指紋，難道派不上用場嗎？

當時承辦案件的文山二分局偵查員魏德勝，在這十九年間都沒有忘記這起案子，儘管轉到其他地方任職依然心心念念。在十九年後，他又回到景美地區擔任派出所所長，某次跟鑑識中心的技正再次聊到這起案件時，決定將當時的證物，也就是這枚清晰的血指紋再度找出來、放進電腦資料庫中再次比對，沒想到這次竟然有關鍵性的突破！

冷案中心比對了電腦資料庫中兩億六千萬枚指紋，竟找到一枚指紋有十二處特徵點相符，進而鎖定了這名三十四歲的饒姓男子。回推這名饒姓男子在案發當時（民國八十六年），才十六歲而已！因為還沒有當兵，所以沒有存錄指紋資料，他是在民國九十五年時，因吸毒案指紋才被建檔，才能成功在多年後，透過電腦指紋資料庫的更新比對，找到了這名涉有重嫌的饒姓男子。

警方開始對饒姓男子進行通聯紀錄調閱、跟監等方式調查。饒姓男子是兩個

4 現行《刑法》第八十條第一項第一款規定：犯最重本刑為死刑、無期徒刑或十年以上有期徒刑之罪者，三十年。但發生死亡結果者，不在此限。

孩子的父親，雖然離過婚，但也結交了新的伴侶，目前從事水果批發生意，每天半夜到果菜批發市場批貨，再到新莊的市場擺攤、補貨，作息十分固定。

另外，當年採集到的血指紋，除了可以做指紋比對外，也可以透過血液做生物跡證的識別。當時現場血指紋的血跡有做DNA檢驗，結果驗出B型血型及一些DNA型別，但沒有比對出任何對象，不過卻發現跟被害的蘇姓老闆娘的血型及DNA型別不一樣，所以研判歹徒應該有受傷。現在則是要透過更精細的DNA比對，來證明這枚指紋的血跡確實為饒姓男子所有。

但是警方要如何取得饒姓男子的DNA標準樣本？偵查人員為免打草驚蛇，試圖取得他丟在地上的菸蒂，當作生物跡證的比對檢體，所以跟蹤埋伏多時，終於在三、四天後，順利從市場滿地的菸蒂當中，成功撿到了饒姓男子所丟的菸蒂，比對出警方所鎖定的饒姓男子，就是犯下景美電腦行強盜殺人案的凶手！

在民國一〇五年一月二十四日晚間，趁著饒姓男子帶著女友和兩名孩子返家的途中，在新莊的巷弄當中逮捕到他。當找到他時，警方用手搭著他的左肩膀，劈頭就問說：「這十九年你睡得好嗎？」沒想到饒姓男子異常冷靜，只是身體微微顫抖的說了一句：「你們終於來了。」他毫不抵抗、當場乖乖認罪。

根據警方調查，這名饒姓男子在當地被稱為「蔬果大王」，是一名中盤商，光是在同一個市場當中，就有將近一半的攤商蔬果都是向他進貨，而且他自己就有三個攤位，還有不少位員工。

饒姓男子每天凌晨到果菜市場批完貨後，就運到市場交貨給其他攤商，或自己攤位的員工。他自己並不需要顧攤位，所以在批完貨、送到市場後，他就可以回家休息，在外人眼中，他的生意經營得非常不錯。多年來從事蔬果批發的生意，讓他擁有不錯的收入，也買了房子，算是事業有成、家庭幸福。

但是，民國八十六年案發當時，饒姓男子年僅十六歲就高中輟學，整天無所事事、四處遊蕩，就連他的父母也無法掌握行蹤。又因為犯案當時他還沒當兵，也沒有犯罪紀錄，所以第一時間自然沒有指紋檔案可供比對。直到饒姓男子服完兵役，並在民國九十五年犯下毒品案，才留下指紋檔案，讓這起懸宕十九年的命案再度重見天日。

根據饒姓男子向警方供稱，他輟學後就到處閒晃，當時因為跟爸爸吵架，所以負氣離家，從深坑老家、跑到景美夜市遊蕩，晚上就睡在網咖，如果沒錢的話，就到處去偷。犯案當時看到位在景美夜市附近的電腦行內空無一人，於是闖入店內準備行竊，沒想到，被從倉庫走出的蘇姓老闆娘發現。

他供稱，老闆娘發現他在偷錢後，返回廚房、拿了水果刀企圖制止他搶錢，饒姓男子見狀奪刀反擊、殺紅了眼，朝著蘇姓老闆娘頸部連刺了二十多刀。之後再取走櫃檯內的六、七萬元現金，並在逃跑過程當中將做案用的凶刀，順手丟入一旁的景美溪中。饒姓男子返家更換衣服後，再將做案用的衣物燒掉來毀屍滅跡。

因為饒姓男子在輟學後，曾經到日本料理店當學徒，所以熟悉刀子的使用，但警方對於他的陳述充滿質疑。第一，如果老闆娘想要趕走小偷，會特意轉身回到廚房拿水果刀來威嚇嗎？第二，一般的水果刀十分單薄，如果用力猛刺，理論上刀子會斷掉或是歪掉，更何況被害者是頸部身中二十七刀，一般的水果刀有辦法辦到嗎？

因此警方懷疑他是預謀犯案，早就準備好日本料理店使用的生魚片刀來犯案，只是剛好偷竊失風，所以變成殺人強盜案件，但為了減輕刑責、避重就輕才編了另外一套說詞。不過時隔十九年，對於饒姓男子的說詞，已經沒有跡證可以應證，所以到底案發真相是什麼？我們也不得而知。

但至少在刑事案件追訴期二十年到期前，能夠順利將凶手繩之以法，對於被害者及家屬而言也是有所安慰；對於多年掛念本案的所有偵查人員來說，能夠將塵封多年的案件順利偵破，也算是了卻一樁心事，讓正義得以伸張。

不過這十九年來饒姓男子到底怎麼度過的呢？其實他自己也是忐忑不安，生活過得戰戰兢兢。他身為蔬果批發商，事業做得頗大，但是卻從來不應酬、不喝酒，因為他害怕酒後可能會不小心吐露真言，說出多年前殺人的祕密。所以他都維持固定的作息，也不太跟客戶及客人交際，對於十九年前的祕密也從來沒有開口跟任何人說過，就連他多年的枕邊人都完全不知情。

多年來小心翼翼的生活，終究躲不過法律的制裁，饒姓男子被依強盜殺人罪起訴，但因為他犯案時還未成年，根據《刑法》第十八條第一、二項規定，**十四歲以上未滿十八歲，得以減輕其刑，並且不得處死刑或無期徒刑**。一審被判處十二年徒刑，後續因為饒姓男子已賠償死者家屬兩百萬元，也獲得家屬原諒，所以二審被法院判處十一年有期徒刑定讞。

善惡到頭終有報

不過關於這起命案的相關靈異傳聞也不曾間斷。在常姓老闆收掉電腦行、搬離傷心地後，張姓房東將房子重新整理、出租，但靈異現象不斷出現。像是首先承租店面的檳榔攤說，燈到半夜常常會忽明忽滅，檳榔攤老闆第一時間沒想太多，認為只是單純的巧合，直到當時住在隔壁的健身教練透露，半夜時常聽到女子的哭泣聲，也曾直接問：「妳是不是那個被殺的女生？如果是，妳來找我申冤。」但是哭聲依然沒有停止，檳榔攤老闆知道後，嚇得連忙搬離。

後來一名外籍配偶接手經營小吃店，燈一樣會自動熄滅，半夜冰箱門還會自動開關，發出「碰碰碰」的聲響，再度嚇跑房客，此後連續四、五任房客承租，每個都嚇到落荒而逃。直到兩年後，一名經營茶行的五十多歲王姓老闆接手店面，女子的哭聲才消失。

因為這名茶行老闆本身也是乩童，店裡也設有神壇。茶行老闆表示，他原本在新北市中和經營茶行，但他準備找新店面。有一天他夢到一名女子跟他說了這個地址，對他說可以到這裡來做生意，他就按著地址找到了張姓房東，房東也對他說明這裡發生過的事，問他確定要租嗎？茶行老闆堅定的承租了下來，沒想到自此之後，就沒人聽過女子在深夜哭泣的聲音了。

甚至有附近鄰居表示，茶行老闆曾經跟他們說有夢到蘇姓老闆娘託夢，跟他說凶手是名小孩子，老闆也曾經將訊息提供給警方，不過因為當時警方沒有任何明確的跡證或線索，也認為如此慘忍的殺人手法不太可能是小孩子所為，所以對於茶行老闆的託夢說詞也沒有特別在意，沒想到十九年後還真的應證了當年的夢境，也讓這起塵封十九年的案件，更增添了神祕的色彩。

這起景美電腦行強盜殺人案能在十九年後偵破，真是不可思議！當然冷案之中，幾年後破案的案件也不少，像臺北市新湖國小「吳曉蕙老師命案」（見《臺灣大案鑑識現場》〔任性出版〕第九章），當年我也曾帶隊到現場進行採證，並在現場採證到指紋，不過輸入電腦後卻比對不到對象。因為真正的嫌犯當時也只有十五歲。一直到嫌犯成年，以及有犯案紀錄後指紋被建檔，案件才得以在八年後，用電腦做指紋比對，進而找出嫌犯順利破案。

因此，如今指紋電腦建檔的人數逐年增加，以前案發時比不到對象的指紋，在冷案重新比對的機制之下，固定一段時間就會將指紋再輸入電腦比對看看，就很有可能因為歹徒的指紋資料後來建檔了，而比對出對象。DNA鑑定的部分也是一樣，因為有冷案再比對的機制，所以也常常在數年後，因為冷案的DNA再行輸入電腦比對而找出對象，因而偵破。

此外，警察在找到做案的饒姓男子時，第一句話就問他：「這十九年你睡得好嗎？」饒姓男子淡淡的說，「你們終於來了」，雖然只有短短的幾句話，但是說明了一個人只要犯了案，你想要完全的忘記，根本不可能。

雖然一時逃過了司法的追緝或是懲治，但是內心的夢魘以及深刻的愧疚，你真的可以完全的忘卻嗎？我認為不可能。在夜深人靜午夜夢迴時，你一定會再想起那一段殺人悲慘恐怖的記憶，而且你會變得疑神疑鬼，甚至於噩夢中夢到被害人來索命。

這也就是我常說的，雖然司法懲治失敗了，但是如果你真的有犯案，內心道德的處罰會如影隨形，是不可能忘記的，那才是真正無期徒刑的「心牢」懲罰。

總之，人在做、天在看，舉頭三尺有神明，因果循環、善惡有報、天理昭昭。

臺灣超級大案鑑識現場

犯罪現場如何採證指紋？

圖、文／曾春僑副教授

狹義的指紋係指手指末梢關節指面的凹凸紋路，廣義則包含了手掌紋、腳趾紋以及腳底紋在內。指紋紋線的發育在胚胎二十四週時已全部形成，爾後隨人體發育成熟，紋線不斷擴大，但其形態始終不變。為利辨識，國際間將指紋分成三大類八種紋型，分別為一、弧形類，包含弧形紋及帳形紋；二、箕形類，包含正箕形及反箕形；三、斗形類，包含斗形紋、囊形紋、雙箕形紋及雜形紋。

現場指紋基本採取原則如下：

一、**可能位置**：搜尋現場指紋時，應注意進入路線、入口、現場、出口、逃離路線、被害人身體（屍體）及車輛等處所或物件。

二、**適當保護**：為免指紋遭受風吹、雨淋或日晒等自然力破壞，初抵現場人

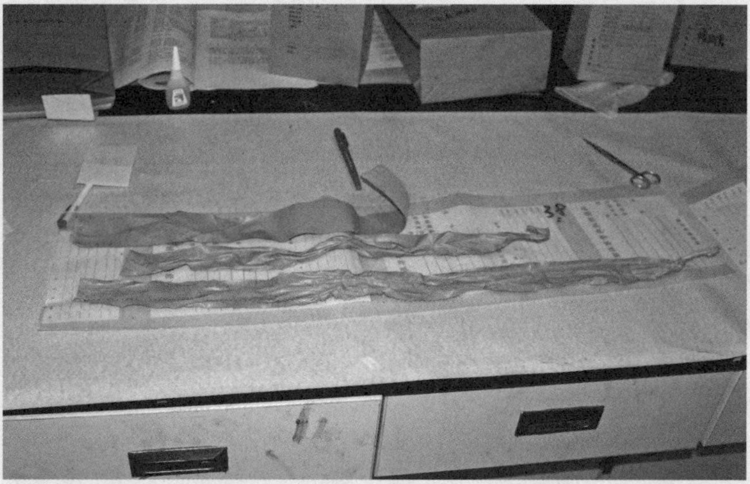

▲圖 6-2 膠帶指紋採證前，須先冷凍拆解回復原狀。

▲圖 6-3 彎曲面指紋照相時，須注意邊緣變形問題。

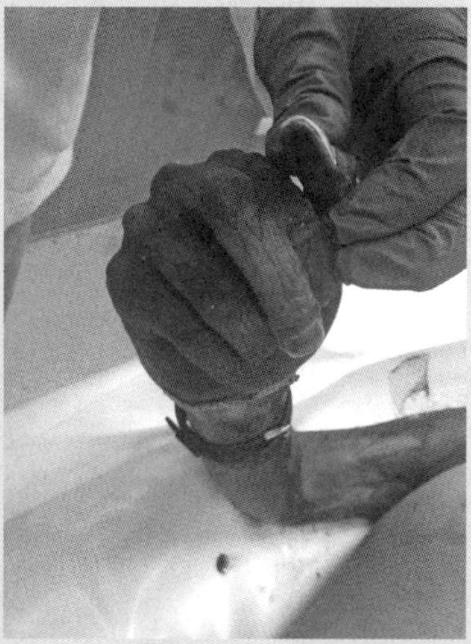

▲圖 6-4 屍體腐敗後指紋容易變形。

員應使用帳蓬、雨棚或其他物品保全相關跡證，或在適當記錄後，移至安全地點。

三、**先記錄後採證**：發現現場指紋的時候，依序照相或記錄後，再以適當方法採證。

常見採證方法

依證物本身條件、所在環境、接觸材質及儀器設備等因素，選擇適當採驗方法，警方技術手冊內表列將近三十餘種方式，茲將常見幾種採證方法說明如下：

一、**粉末法**：適用於光滑非吸水性檢體，如玻璃等，指紋粉可以為各種不同顏色、特性之粉末，若為非磁性粉末，則以毛刷沾上指紋粉末，在檢體上輕輕刷掃顯現；若為磁性粉末，則以磁性檢出器吸取（見左頁圖6-5）。

二、**寧海德林法**（Ninhydrin）：適用於紙張、木器、淺色水泥漆等吸水性檢體及一般血跡指紋。檢體以噴霧、浸潤或灑覆法潤溼，待乾後，置於烤箱內烘乾，可見紫紅色指紋顯出。

三、**氰丙烯酸酯法（Cyanoacrylate Adhesive）**：又稱瞬間接著劑法、三秒膠法，適用於塑膠、皮革類檢體，於密閉容器或空間內，將氰丙烯酸酯加熱蒸發，直到白色指紋顯現為止。

電腦比對前置處理作業

理想狀況下，若有完整資料庫，則每一枚指紋均可比對當事人身分，然刑案現場指紋品質不佳，多為殘缺不全狀況，難以直接標示十二個特徵點，這與遺留當下接觸面滑動、面積不足、多次接觸後重疊、施壓變形、表面材

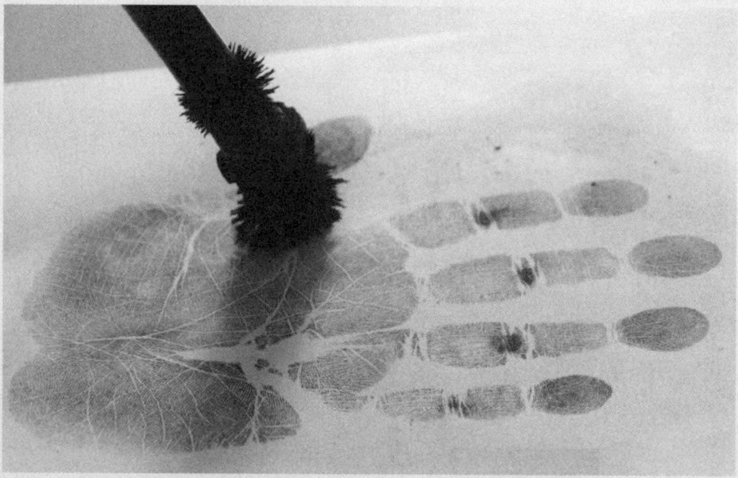

▲圖 6-5 使用磁粉和磁性筆採證的掌紋。（攝影／吳毅平）

質、當事人生理因素等有關。若無法直接比對，須進行相關前置處理工作。

一、五倍大翻拍：此為系統基本要求，翻拍時，必須確保邊緣未有失真，或是倍率錯誤狀況，否則即會出現無法比中情況。

二、定位與標示特徵點：找尋中心點、指尖方向、判斷紋型、可能的指位或部位，並標示可供比對區域，檢視有無錯動，或鏡像正反面、隆起或凹陷紋路錯位等情況。

三、影像處理或紋線描繪：遇到現場指紋模糊、重疊、疤痕或背景干擾嚴重時，須先進行影像強化，去除背景干擾，再以透明膠片貼在指紋相片上，藉由專業技能經驗，辨識特徵點後描繪指紋紋線型態（見左頁圖6-7）。

指紋數位化比對系統

刑事警察局自民國八十二年開始規畫第一代NEC指紋資料庫系統，首先將三百萬份犯罪前科人士指紋卡輸入建檔，後隨系統擴增與更新，陸續建構HP/

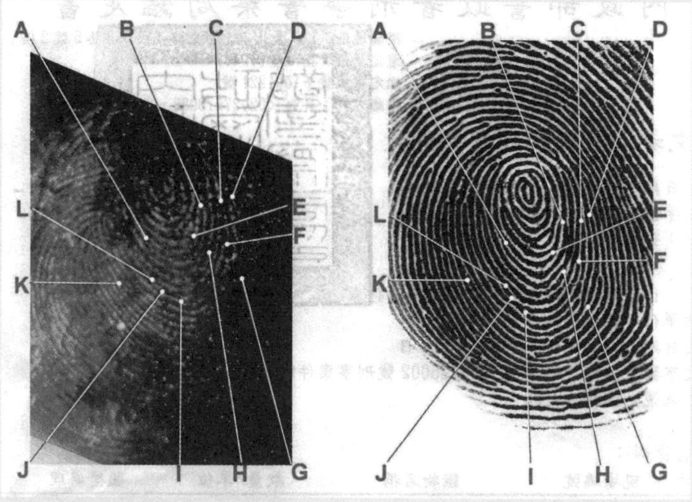

▲圖 6-6 12 個特徵點相符才能出具確認相符鑑定書，左為現場指紋，右為檔存指紋。

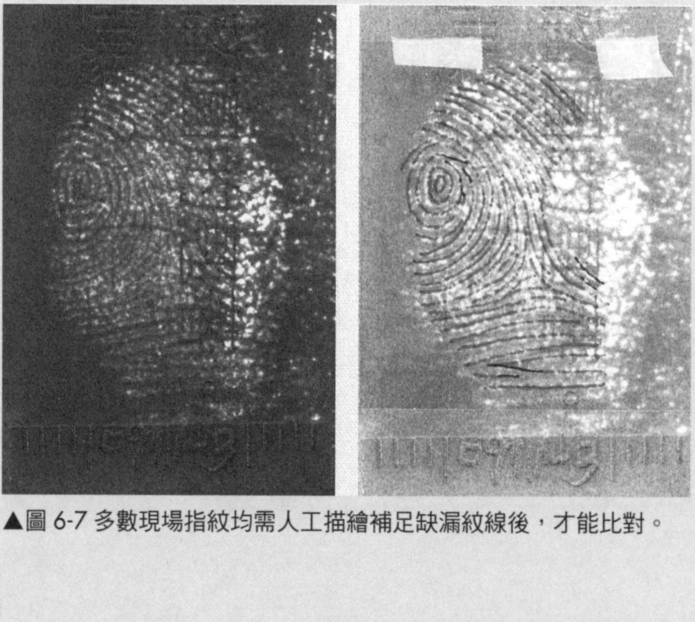

▲圖 6-7 多數現場指紋均需人工描繪補足缺漏紋線後，才能比對。

COGENT役男指紋卡系統、次世代電腦系統，並將所有指紋與部分掌紋資料陸續輸入，相關數位化工作已全部建構完成。目前指紋資料庫比對，係建立在自動化指紋比對系統架構上（Automated Fingerprint Identification System，AFIS），其主要包含下列各個單元：

一、**數位指紋卡管理系統**：早期指紋卡均為油墨捺印，後期改為活體掃描輸入，無論何種方式，最終均須輸入電腦建檔，且除平面紋、三面紋、掌紋、側掌紋外，年籍、建檔單位、案類、身分別、系統流水號等資訊亦須建檔。

二、**指紋與掌紋辨識系統**：藉由專業軟體，根據指紋結構相互關係，以獨特演算法，擷取紋型、特徵點、中心軸等資訊，將現場指紋圖像轉為數字資訊（如特徵點位置相對比值），再與資料庫內檔存十指指紋做比對。

三、**美國國家標準技術研究所（NIST）系統格式**：過去建檔資料，須逐步轉換成NIST標準格式，以利反向比對作業，亦即若有新建檔之完整十指與掌紋，資料輸入系統後，即可與檔存未破案之現場殘缺不全指紋做比對。

四、**活體掃描器**：過去係以油墨捺印指紋，常有捺印不清等狀況，民國九十六年後陸續於各執法機關建構活體掃描工作站，以紅外線照射指紋，形成明暗對比圖像。工作站活體掃描資料，可直接上傳刑事局資料庫，其內之ＰＩＤ系統，可提供線上即時比對，遇有冒名頂替或路倒時，即可直接進行確認；目前除警察機關外，移民署亦有相同設備，惟受限法令規定，移民署僅採取左右食指指紋，且僅在當事人失聯後，才將資料送至刑事局建檔。

7

從死刑到無罪，冤獄 14 年

── 十三姨 KTV 殺人事件，民國 91 年

我從事刑事鑑識工作長達三十三年，跟許多的警察同仁相聚又別離。但是，每當新聞報導出現警察同仁因公殉職的消息，我就會感到十分悲痛及不捨。

如發生於民國一一一年的臺南殺警案，兩名英勇的警察涂明誠、曹瑞傑，遭到明德外役監逾期未歸的林信吾殺害奪槍的案件；或者在更早之前，發生在民國一〇三年的夜店殺警案，信義分局偵查佐薛貞國，遭到七十六名黑幫分子持棍棒刀械圍毆致死的案件，在在顯示員警執勤危險及辛勞。

雖然案發之後，社會輿論一陣撻伐，警察執勤安全及配備受到檢視，大家同仇敵愾，希望儘速逮捕殺警惡徒，還警察一個公道。但是辦案不能急躁，更不能情緒化，一切還是要講求證據。鑑識是科學、是專業，「證據會說話」，如果因為急著要抓人究責而冤枉他人，那就是件不公不義的事了。

像是發生在民國九十一年臺中豐原的「十三姨KTV殺人事件」（又稱鄭性澤案），就是一個例子，在沒有嚴謹完整的偵查以及鑑識採證之下，就做出了警方認為「合理」的推論，抓到了開槍打死警察的凶手。但多年後，一個又一個不合理的問題浮上檯面。細究之後才發現，在這起案件上，無論是偵查的程序或是證據的檢視，都有著重大的瑕疵，也讓人蒙受不白之冤。

鄭性澤，歷經二十一次開庭、提了二十三次非常上訴、被判處死刑定讞、被羈押五千兩百三十三個日子，他從原本被視為是開槍射殺員警的十惡不赦之徒，變成了國際知名的冤案被救援者，到底是什麼樣的原因造成了如此巨大的轉變？在案發當時又發生了什麼事？

KTV 密室殺人事件

民國九十一年一月五日，位於當時臺中縣豐原市（現今臺中市豐原區）的十三姨 KTV 是地方人士經常聚會、飲酒的地方。不過就在這天晚上，原本歡樂的歌聲變成了陣陣槍響，就連在 KTV 好幾公尺外，正在吃麵的路人都被槍聲嚇了一跳！接著，一輛又一輛救護車趕抵現場，把傷者一一送往醫院搶救，最後造成兩人死亡。一位是開槍的歹徒羅武雄，另一位是刑事組偵查員蘇憲丕。

當天晚上，因羅武雄中午喝了酒、已帶著醉意，在九點二十分左右帶著跟班鄭性澤與女友蕭汝汶，開車前往十三姨KTV唱歌。原本在小包廂歡唱的他們，又打電話邀請朋友張邦龍來同樂，張邦龍在晚上十點多帶著朋友梁漢璋、陳健清、吳銘堂一同前來，一行人也換到較大的A10包廂飲酒作樂。

幾杯黃湯下肚，眾人的興致越來越高，羅武雄叫了KTV的小姐來坐檯伴唱，但是羅武雄不滿KTV只派了賴姓與紀姓兩位小姐來坐檯，讓他沒面子，所以拿起插在腰間的手槍對著包廂的天花板共計開了三槍！

沒想到這樣還不能讓羅武雄消氣，不久後，羅武雄又拿槍對著桌上的高粱酒酒瓶開了一槍！賴姓與紀姓兩位小姐被接連的槍響嚇到不知所措，藉故跑出包廂對外求救，KTV也馬上打電話報警。

轄區豐原分局接獲報案後，派刑事組偵查員蘇憲丕、王志槐、高豫輝三人前往現場處理。員警在抵達十三姨KTV後，先詢問兩位目擊者包廂內的狀況與開槍者的相對位置後，認為應該只是單純的酒後鬧事事件，所以蘇憲丕就隻身一人前往A10包廂來了解狀況，另外兩名員警只待在包廂門口支援。

員警蘇憲丕開門大聲威嚇說：「警察！不要動！」並舉著警槍向包廂內的人

員一一掃描擺動。沒想到這個舉動驚動酒醉的羅武雄，他不甘示弱的拔出身上的槍枝。員警三人見羅武雄拔槍後，出於防衛也展開反擊！雙方激烈又混亂的警匪槍戰，雖然時間很短，但期間雙方有多次的對戰，在這過程中，員警王志槐、高豫輝見同伴蘇憲丕中彈，倒臥在包廂桌子與沙發之間，兩人隨即暫時退出包廂，在門外向內開槍，並跑至KTV大廳來請求支援。

一陣槍林彈雨之後，發現羅武雄已被擊斃，員警高豫輝大喊要所有人離開包廂，並對著牆壁開了兩槍示警，包廂內的人們紛紛爬了出來，隨後支援的員警陸續趕到，拿著盾牌進入屋內清查。其中一名員警蔡華癸負責確認羅武雄的狀況，因為不確定他是否真的被擊斃死亡，所以先將他身旁所有的四把槍枝撿起來、放在沙發上，以防被突襲，經確認後，證實羅武雄已經死亡。

而員警蘇憲丕中槍倒地，也馬上被送往省立豐原醫院搶救。因為蘇憲丕頭部、胸部、腹部中彈，急診室內一路都是鮮血，狀況十分危急，蘇憲丕的妻子與三名兒女們紛紛趕往醫院，在急診室外頭，也站著好幾位一起攻堅的警察弟兄和同仁，大家都在祈禱著蘇憲丕能夠脫離險境。

最後，只等到噩耗，儘管院方極力搶救，但蘇憲丕還是不幸在隔天早上八點二十三分身亡，留下心碎痛哭的妻子，以及三名年幼的兒女。

豐原分局內瀰漫哀傷的氣氛，平時認真盡責的優秀同仁因公殉職，大家都十分不捨，誓言一定要揪出ＫＴＶ內槍殺蘇憲丕的凶手！當天案發現場，除了員警蘇憲丕、鬧事的羅武雄身亡外，還有左小腿被流彈波及的鄭性澤，另一名梁漢璋則是大腿中彈，兩人也雙雙被送到醫院救治。最後，這起十三姨ＫＴＶ槍戰，總共造成兩死兩傷。

原本在案發之初，大眾都認為死亡的羅武雄為槍殺員警蘇憲丕的槍手。不過隔天案情卻急轉直下，受傷的鄭性澤被帶到警局偵訊後，卻成了頭號嫌犯，警方直指開槍射殺蘇憲丕的，就是鄭性澤！

警方根據鄭性澤的手寫自白書，以及訊問時的供詞內容表示，在晚間九點多，身上帶著四把槍的羅武雄，在一行人進入原本小包廂後，就將其中兩把改造手槍交給鄭性澤，要他保管。而槍戰當時，羅武雄先朝著第一位進入包廂的員警蘇憲丕開槍，導致蘇憲丕倒地，隨後警方展開反擊，羅武雄也在槍戰當中中彈身亡。

小弟鄭性澤為了報復，趁著其他兩位員警退出包廂時，再次拿起槍朝著蘇憲丕開了兩槍，隨後一把槍丟進垃圾桶、另一把槍丟在地上，接著就在員警的喝斥下離開了包廂。

在連夜偵訊後，鄭性澤就遭檢方依殺人及持有槍械等罪嫌起訴。但是，在案發隔天，也就是一月六日下午兩點，檢察官帶著左腳包著紗布、坐在輪椅上的鄭性澤，回到十三姨KTV包廂做現場模擬時，鄭性澤卻當場翻供！

在晚上八點的羈押偵查訊問時，鄭性澤強調他沒有開槍，也否認有殺人！檢方詢問為什麼一開始沒照實講時，鄭性澤回答：「因為我害怕，我沒遇過槍戰。」並且表示，自白書的內容，關於槍戰的部分也不確實，是警察叫他這樣寫的。鄭性澤更語出驚人的表示：在警詢時，鼻子被灌水進去；在醫院被帶回來時，眼睛被蒙著，他一直反抗，警方還電擊他的嘴巴和生殖器！顯示鄭性澤，先前是在警方刑求逼供的狀況下，才提供原本的自白與證詞。

儘管有了以上說法，然而法院並不採信，仍採用自白及相關證據推論，十三姨KTV槍擊案的凶手為鄭性澤，並且在民國九十一年十一月的一審判處死刑，褫奪公權終身。經最高法院兩次發回更審，最後於民國九十五年五月，最高法院駁回上訴，死刑定讞。

這起十三姨ＫＴＶ槍擊案，隨著死刑的定讞，看似劃下句點。不過在民國九十五年至九十八年間，臺灣社會對於死刑的執行有許多的爭議討論，當時法務部也暫緩死刑執行令的簽發，在此期間有四十四名已定讞的死刑犯暫時保住性命。社運作家張娟芬，在檢視死刑案件的判決時，看出了鄭性澤案的矛盾與不合理之處，並在民國一〇〇年三月，由剛為蘇建和（詳見《臺灣大案鑑識現場》〔任性出版〕第二章）辯護完的律師——羅秉成為首，加上廢死聯盟、司改會、籌備中的冤平會等社運團體，正式組成了義務律師團，為鄭性澤案找出真相。

交槍說與移動開槍說

在這起案件當中最具爭議的，就是造成員警蘇憲丕死亡的三顆子彈擊發的位置與槍枝。因為原本員警對於本案的研判是，這致命的三槍是由兩把槍枝、不同兩人所擊發。但是在案發後的一月十一日，蘇憲丕體內的三顆子彈比對結果出爐，三槍都是制式克拉克射出的，所以凶槍是制式克拉克，且凶手只有一人。

一月二十一日，原本隔壁小包廂的子彈比對結果也出來了，造成這場事件的開端，也就是羅武雄不滿KTV服務，而對桌上高粱酒開槍的槍枝，也是制式克拉克手槍射出的。而射擊天花板的槍枝，卻是另一把制式白朗寧手槍所射擊，所以判斷兩把制式手槍的持有者就是羅武雄。而在鄭性澤自白當中，羅武雄拿給他的兩把槍是改造手槍，而非制式手槍，鄭性澤的警詢自白與事實完全不相符！

看到了鑑識報告與原本預想不同，這時警方開始有了一個新的說法來修正原本的假設，那就是「交槍說」。警方重新整理案發經過表示，羅武雄第一時間已經遭警方擊中心臟導致死亡，因此沒有機會開槍反擊，而鄭性澤在員警蘇憲丕闖入包廂時，對其開一槍，在蘇憲丕倒地後，趁機移動至羅武雄方向續開兩槍，隨後丟棄凶槍於羅武雄右前方的垃圾桶。

而在一月十六日警方對於火藥射擊殘跡的報告也出爐，證實鄭性澤的右手有火藥殘跡，且在初期鄭性澤的自白說有開槍，加上證人梁漢璋及張邦龍指證發生槍戰前，羅武雄有交付凶槍給鄭性澤，而在判決書上承辦的鑑識組長、法醫都認定鄭性澤是以兩階段、移動開槍方式，打死了被害人蘇姓員警，所以本案真正的凶手就是鄭性澤。

但本案尚有諸多不合邏輯之處。其中，KTV包廂內的位置非常狹窄，裡頭擺放ㄇ字型的傳統黑紅色相間的沙發，中間有兩個大理石桌併在一起。羅武雄身為大哥，坐在ㄇ字型正中間，鄭性澤則是坐在靠近門口那側的第四個位置，在羅武雄和鄭性澤中間，還坐有蕭汝汶與張邦龍兩人（見第二三〇頁圖7-1）。

若如同警方後續的說法，鄭性澤在開完第一槍後，還要在僅有三十八公分狹窄的包廂走道上，跨過三個人、六隻腳，到羅武雄的位置續開第二、三槍，實在很不合邏輯。況且，當時鄭性澤左小腿已經中彈，要負傷跳過三人、再跳回原本座位根本十分困難，而且在移動過程中，一定也會在走道留下血跡，但在現場照片當中，這條走道上並未見有血跡。

案發當時坐在鄭性澤左邊的梁漢璋也曾表示，槍戰發生時他十分害怕，他的頭一直靠在鄭性澤肩膀、手也壓在鄭性澤左手上，兩人一起躲避槍彈，在法院上也明確表示他們兩人並沒有移動過，但無論檢警或法院都忽略梁漢璋的說法。

還有，關鍵的行凶槍枝也存在很大疑點。在現場照片中，在場的四把手槍在槍戰結束後，位置都被移動過，好好的擺放在沙發椅上面拍照，可見警方沒有完整保存案發現場，在取槍的過程，也沒有如實記錄第一時間槍枝的位置。

另外，根據鑑識報告結論表示，凶槍只有一把，為制式克拉克手槍，卻沒有在第一時間立即採取指紋化驗，直到一年後一審審判時，法官才將四支手槍送驗，而送驗結果顯示：四把槍皆未有鄭性澤的指紋。但這不符合標準作業程序，一年間槍枝移轉的過程也沒有紀錄，所以採證結果也無法作為有利證據。

犯罪自白是打出來的？

但就本案，針對鄭性澤一開始的自白，律師團就有了很大的疑問。

鄭性澤自述，他是在警方的要求下寫下自白書，並在自白書最後寫：「以上的自白，都是真實的，都是出於自願的。」但鄭性澤的警詢自白與案件事實完全不相符。他說他用改造手槍，在自己原本座位上朝警察開兩槍；但實際上的凶槍是制式克拉克手槍，不是改造手槍；案發現場彈殼都掉在羅武雄座位附近，不是在鄭性澤附近；而員警蘇憲丕是身中三槍，不是兩槍。一份明顯違背現實的自白被理所當然的採用，完全不合邏輯。

最重要的自白疑點在於，鄭性澤於一月五日當晚被捕後，因為左小腿中槍隨即被送往豐原醫院治療。在一月六日凌晨照完X光後，又在醫院進行約五小時治療，之後被警方借提出院製作自白書與警詢筆錄。在早上十點，鄭性澤進入臺中看守所的體檢表上記載身上有新傷，「左眼內瘀血、左眼浮腫、左大腿外側瘀青」，體檢表上甚至記載著，收容人自述陰莖及左手大拇指遭電擊，但是鄭性澤第一時間在豐原醫院的入院病歷上，並沒有記錄眼睛瘀青的傷勢。

而本案另一名證人張邦龍，也在一審提出一張傷痕累累的診斷證明書，並當庭向法官表示，他在豐原分局被員警痛毆一整晚，離開警局的隔天，他馬上到署立臺中醫院來驗傷，表示確實遭刑求。

由於本案很明顯有刑求的痕跡，所以律師團先就此點向檢察總長聲請，提出非常上訴，主張原判決未排除被告刑求的自白，與證人被刑求的證述，應屬判決違背法令。但是過了幾個月，卻遭到最高檢駁回。

律師團決定再提起第二次非常上訴。律師團對於員警蘇憲丕身上三個槍傷的解釋，也與原判決大不相同。原判決認為，鄭性澤先朝蘇憲丕臉上開一槍，蘇憲丕立刻倒地，然後趁著其他警察退出包廂的空檔，鄭性澤繞到羅武雄旁邊，對著側躺在地上的蘇憲丕又開了兩槍，其中，一槍打中頭頂、一槍擊中胸腹。

律師團會議中，邀請臺大醫學院法醫學研究所李俊億教授根據解剖照片研判，本案應該是從死者前方，以連續開槍的方式、發射三槍。死者右眼下方中了第一槍，身體倒下的過程，胸部又中了第二槍，到幾乎與桌面平行的時候，頭部中了第三槍，這是一個連續過程。

這也解釋了，為什麼在靠近蘇憲丕附近的桌子上沾染大量血跡。李教授表示，他身上三槍都只有射入口，沒有射出口，子彈留在體內，所以血液只會從射入口流出。但原判決假設死者是頭部先中第一槍後倒在地上，絕對不會有這麼大面積的血跡，因為頭部右眼下方這一槍，幾乎是從臉部垂直打進去，入射口才〇・五公分。反之，胸腹部這槍射入口很大，而且打到肝臟，肝臟是非常多血液的器官，在解剖後打開胸部、腹部，發現沒有血，因為血液都已經流到桌面和地上。所以李教授表示，就是胸部這槍被打到、人趴在桌面上，才會有這攤血。不可能是原判決說，倒在地上才中槍的。

而李教授也展示了胸腹這一槍的照片，傷口非常奇怪，是呈現驚嘆號形狀的兩個傷口。上面較長的痕跡是因為子彈擦過皮膚，就如同三一九槍擊案陳水扁腹部傷口一樣，而下面那個是直接射入。但是為什麼一槍會造成兩個傷口？因為身材微胖的人，身體彎腰向前會產生皺褶，摺在裡面的部位就打不到，形成一段空白。這就可以判斷，他中這一槍的時候，槍枝擊發的位置，不可能是在鄭性澤原本坐的側邊位置，而死者姿勢也不可能是側躺的，因為側躺的話，身體表面較為平整，那傷口中間的空白就沒辦法解釋了。

由此可推斷合理的中槍順序是：因為頭部的轉動，造成蘇憲丕右臉上先中一槍，因為重心不穩、往下墜落，造成上半身彎折在茶几上方，胸腹與頭頂又連續中了第二、第三槍，而胸腹的傷口流血到桌面上，之後倒地、俯臥在走道上，在走道地面上留下大量血跡。

不過第二次提非常上訴，有一個非常重要的主張，就是臺中地檢署法醫許倬憲與臺中縣警察局刑警隊鑑識組組長魏世政，是以「證人」身分被傳喚到庭詰問，但法院判決書上卻將兩人身分寫上了「鑑定人」、「鑑定證人」，雖然聽起來好像差別性不大，但在刑事訴訟法上的規定，以及證據調查的方法卻大不相同。

「證人」主要是以一個人的經驗來做事實的陳述，而不是提供意見；「鑑定人」則是要受委託後，就其專業的知識訓練，來陳述或報告其專業意見，並且要到庭接受交互詰問。而就本案無論是法醫或鑑識組組長，法院都不曾委託他們來做鑑定，所以他們既不是證人、也不是鑑定人。所以律師團主張：兩人就本案而言，都沒有證據能力，也不得當作本案的證據。

沒有現場重建與彈道比對，卻罪「鄭」確鑿

第二次的非常上訴，又再次失敗，再度遭到檢察總長的駁回，但是鄭性澤律

師團不氣餒，繼續研究本案企圖找出新事證。在翻閱案卷資料後越想越奇怪，這明明是一樁眾所矚目的殺警槍擊案，但完全找不到彈道比對和現場重建的資料，甚至也沒有比對案件另一個死者羅武雄，他身中兩槍均貫穿，到底是被那個員警、那枝槍枝所擊斃？也沒有調查鄭性澤腳上的傷口是由誰打中。這似乎不符合刑事案件現場勘察與採證的作業程序。

一般來說，實務上在槍擊案現場，鑑識小組一定會做彈道相關的分析重建，包含案發現場所有的彈頭、彈殼散布的位置及狀態，現場的彈著點，被射擊者身上射入口或射出口的位置，並在現場平面圖標示射擊者、被射擊者相對位置及距離，射入口及射出口位置及方向等資訊。透過槍擊痕跡型態的解釋，配合偵查與現場跡證的比對、分析，重建現場各個彈道的路徑與方向，將更有利於釐清案件的真相。

在審判過程中，先前鄭性澤律師曾提出做彈道比對的要求，但法院的回覆是：因為KTV已經重新改建、所有的包廂都拆除，所以無法重建案發現場。但律師團則強調：刑案案發現場，偵查機關應該將所有相關跡證完整採集後，才得解除封鎖；且根據拍攝的現場照片，及事後繪製標有尺寸的平面圖，應該可以「模擬」出案發包廂的模樣，就此來釐清彈道的狀況。

本案是發生在民國九十一年，依照當時的鑑識及偵查水準，一定有做相關的彈道調查，但是為何在案卷當中都找不到彈道資料？就本案而言，偵辦的檢調是否認為，犯罪事證明確，又有嫌犯本身的自白，證據已經十分足夠，不需要再做彈道重建工作來進一步推論案件的合理性？此外，律師團也發現，本案相關的影音資料也從來沒有在歷次庭訊當中勘驗和播放。而在二審的案卷資料當中記載：本案的證據包括警訊錄音帶八卷、錄影帶四卷。

在一月六日早上八點半，鄭性澤在寫自白書的三十八分鐘影像，以及警方九點偵訊鄭性澤的兩卷影像帶當中，都明顯可以看出鄭性澤左眼浮腫、瘀血。

在偵訊的影像中，還錄到小隊長指示做筆錄的偵查員：「等一下再問他眼睛的傷痕，是逮捕時造成的，是不是這樣？」而鄭性澤則面無表情的回覆：「是自己不小心造成的。」警方再問道：「這段期間警察有給你刑求逼供嗎？」鄭性澤再回答：「沒。」

看似如實呈現偵訊筆錄的十分鐘錄影，卻是欲蓋彌彰。關於鄭性澤左眼的瘀血，在醫院紀錄當中沒有呈現，卻在影片及看守所體檢表當中出現了新傷。而在當天槍戰現場，並未發生推擠或扭打的狀況，因此也不可能無故造成鄭性澤眼部的傷勢。而在影音資料當中也有一支關鍵影片，是在案發隔天一月六日下午兩點，檢察官帶著左腳包著紗布、坐在輪椅上的鄭性澤，回到十三姨ＫＴＶ包廂來現場表演時，鄭性澤翻供的影片。

檢察官沈淑宜在案發包廂內詢問鄭性澤是否開槍？

這時的鄭性澤支支吾吾的說：「我沒有開……我有叫檢察官去檢查那兩枝槍看有沒有開過。」

檢察官又疑惑的問到：「那你剛跟我講說你有開兩槍？」

鄭性澤回說：「因為我怕。」

檢察官再追問：「所以你根本沒有開過槍，是嗎？」

鄭性澤表示：「對，我沒有開。」

檢察官回應：「那怎麼現在又這樣講啊？」

鄭性澤再次強調的說：「因為我怕。」

檢察官：「你怕？更不應該這樣講謊話啊！」

此時，站在鄭性澤身後的四位警察，眼睛全部直勾勾的盯著前方坐在輪椅上的鄭性澤，「因為我沒有遇過這種事。」他怯生生的說。

這些影音資料的曝光與先前案卷資料的研究，也讓律師團重新拼湊了鄭性澤自白的經過，並釐清了警方「交槍說」的邏輯。但如何讓鄭性澤案能再審卻是最大難題。再審的目的是為了讓案件在定讞後又發現有錯時，所設計的補救措施。但在臺灣，成功開啟再審的案件比例非常低，在民國九十年至民國一〇〇年間再審案件，一千件裡還不到四件，這也讓推動再審制度改革刻不容緩。

根據《刑事訴訟法》第四百二十條規定，再審的條件是要「發現確實新證據」。但實務上，凡是卷內的資料，法院一律當作「已經審酌過」，不算新證據，所以不能據以聲請再審。直到民國一〇四年二月，《刑事訴訟法》修正，才將再審的高門檻稍做降低，將「確實」兩字刪除，也就是無論判決確定之前還是之後，只要是未經法院審酌，都可視為是新證據。

案件在民國一〇三年三月十二日迎來重要轉機，監察院李復甸委員提出鄭性澤案的調查報告，認為鄭性澤殺警案偵辦過程有重大違法瑕疵，要求法務部轉請最高法院檢察署等研提非常上訴及再審。在兩百多頁的調查報告中有幾個重點：

一、鄭性澤在案發後長達十幾個小時沒有休息，連番受到警方與檢察官的疲勞訊問，而且自白內容也非常模糊，缺乏體驗描述，違反自白任意性法則（即非出於自由意志）。

二、原判決假設羅武雄第一時間已經中彈身亡，沒有反擊能力，但羅武雄體內驗出有利度卡因（麻醉劑）與大量酒精，影響中樞神經及心臟血管，可能因此增強心臟中槍後之反擊能力，依據法醫學文獻記載，無法判定心臟被槍擊者會立即喪失其行為能力。

三、射擊蘇憲丕手槍彈殼均在羅武雄位置附近，羅武雄射擊之可能性較大。

四、依照原審判決，鄭性澤移動開槍、再回到原座位。但成年人平均肩寬約四十公分左右，依據鄭性澤在豐原醫院的病歷記載「無法行動」、「有嚴重傷害」等，而案發之ＫＴＶ包廂內，走道距離不過三十八公分，在警匪槍戰過程中，無行動能力之人如何能從容不迫來回穿越兩地？

五、本案相關現場位置、射界，甚至槍械位置都未依鑑識標準作業程序來做，其矛盾之處應由檢察官負舉證責任。

監察委員李復甸指出本案具有多項重大瑕疵，並表示：肯定蘇憲丕小隊長之英勇任事，惋惜其因公殉職，但被告鄭性澤不應在違反法律規範之判決下，受死刑宣告。

民國一〇三年新接任的檢察總長顏大和，在八月首度提出非常上訴案，在非常上訴書中指出：本案有兩項疑點須查明，第一是彈道鑑定人的專業知識待調查；第二是被告自白取得，有無違背程序也須釐清。

但在隔年八月，最高法院認為，鑑識人員及法醫皆以鑑定證人身分出庭作證，以專業知識提供鑑定證詞，法院據此認定鄭性澤殺警，已詳盡調查相關鑑定證人責任；其次，鄭性澤初次偵訊即坦承殺警，之後檢察官訊問時卻翻供，如鄭性澤受警方脅迫或刑求，自白及供述不可能落差這麼大。鄭的自白具有任意性，未違背法定程序，故認為判決沒有違背法令，予以駁回。這是鄭性澤第二十三次非常上訴遭駁回，另兩次聲請再審也被駁回，鄭性澤依然排在待槍決死囚名單當中。

沒有人是自由人

民國一〇五年三月十六日，臺中高分檢主動為遭判死刑定讞的鄭性澤聲請再審，這也創下臺灣司法史上首例。本案在歷經二十三次聲請非常上訴、兩次再審聲請都遭駁回，終於再次迎來一絲希望。

本次臺中高分檢會為鄭性澤聲請再審，是因為檢方重新檢視殺警案相關卷證後發現，當初偵審時，沒有對槍戰現場進行科學鑑定，並依據民國一〇四年修正《刑事訴訟法》第四百二十條，放寬的「新事實、新證據認定標準」，委託臺大醫學院法醫學研究所做的命案現場重建與彈道鑑定，透過新的科學鑑定報告結果作為「新事實認定」，認為鄭性澤並未開槍殺害員警。

高分檢主任檢察官吳萃芳表示，就原本的解剖報告內容，並沒有說明死者蘇憲丕胸部的槍傷，為什麼會有兩個如同驚嘆號的創傷口。依照原判決，如果他是躺臥的狀態下被射擊，不可能會造成胸部兩個創傷口，這很顯然是認定死者被槍擊位置的重要關鍵點。

四月十二日下午兩點三十分，臺中高分院外，擠滿了聲援的人潮，其中也包含長期支持著鄭性澤的家人，現場高舉著「無辜人被判有罪、沒有人是自由人」的標語，期待真相水落石出的這天。而鄭性澤睽違十年首度踏出看守所，為的就是再次為自己發聲。

臺中高分院針對「是否開啟再審」首度提訊鄭性澤，法官林美玲開庭時表示，本次不做調查，僅透過檢察官、辯護律師以及受刑人鄭性澤出庭問訊，了解聲請再審是否符合要件。法官也傳訊被害人家屬，希望讓被害人家屬了解聲請再審事由，並表示意見，但被害人家屬並未出庭。

開庭時檢察官花了不少時間解釋，原判決中的「兩階段移動殺人說」是不可能的，而且現場的證人也表示說鄭性澤從未移動過，原判決認定羅武雄一開始就遭擊斃，不可能為殺警凶手，但在科學上認為心臟中彈，還有十秒至十五秒的行動能力。再加上警方當時總共開了十九槍，羅僅身中兩槍，到底是不是一開始就被擊斃，根本無從得知，所以「羅武雄一定不能開槍」的推論不合邏輯。

根據臺大醫學院法醫學研究所的報告指出，從員警蘇憲丕的傷口，以及桌上留有的血跡來看，三槍是遭連續射擊所呈現的傷口角度，駁斥原判決的兩階段開槍說法；至於鄭性澤右手上的火藥殘跡，當初鑑定時只做了定性而無定量分析，且槍戰發生在密室內，有可能因火藥粉塵飄散移轉，導致現場其他人的身上也有火藥殘跡，並非只有鄭性澤一人驗出而已。

至於現場關鍵彈殼的部分，根據鑑識組組長魏世政當時現場勘驗，多數凶槍的子彈彈殼都落在羅武雄右方的位子，唯獨一顆編號三號的彈殼在羅武雄左側外。鑑識組長依專業的判斷，槍枝擊發後彈殼應往右後方退出，所以三號彈殼應該不是在羅武雄位置所擊發的。

但是，依據國際鑑識專家李昌鈺博士所著作《犯罪現場：李昌鈺刑事鑑定指導手冊》內文論述：「雖然絕大多數半自動或全自動槍枝彈殼是向右掉落，但還是必須以涉案或相同廠牌與型式的槍枝進行實驗，並包含注意子彈種類、槍手握槍與身體姿勢等因素，以研判此特定槍枝的彈殼掉落型式。」經透過網路上GLOCK 17 半自動手槍退殼方向測試實驗影片證實，多有彈殼飛向槍手左側的情形，顯示該手槍彈殼會有掉落至左方之可能。

在輪到被告鄭性澤首度發言時，他再度重申：「在這個案件當中，我沒有持槍，開槍殺警，然後我的自白，是因為警察對我刑求才做的自白。」辯護律師羅秉成則接續陳述聲請再審的理由，除了認同檢察官上述說法之外，他也強調，無意苛責當年的承辦人員，或許是那時候技術不夠純熟的關係，但是畢竟當時沒有經過嚴謹的鑑識，也沒做彈道重建，法院只用了與事實兜不攏的自白供述，就判鄭性澤死罪，斥責原判決簡直太荒謬。

律師邱顯智也提出，當年包廂內另一名男子張邦龍的驗傷單說，連證人也被警察打到不得已做出「我看到羅武雄把槍交給鄭性澤」的偽證，但張逃出警察局後就去驗傷，並強調是被刑求才會這樣說的。辯方也找了臺大心理所教授趙儀珊做「刑求自白心理評估書」，鑑定結果也發現鄭性澤的招供自白，並非出於自願。

檢辯雙方在將近一個小時的陳述後，最後輪到鄭性澤發言，他小聲的說：「我請求檢察官依照《刑事訴訟法》第四百三十條，在再審裁定之前先釋放我……」律師邱顯智也接著說明，就連檢方也認為這個案件有冤案疑慮，一但開啟再審條件，開啟再審前若有動搖原判決，檢方可先行釋放被告，讓鄭性澤回家與家人團聚。

檢察官並沒有當庭回應是否釋放鄭性澤，法官問訊結束後，鄭性澤還押臺中看守所。而辯護律師團與人權團體在法院外召開記者會，鄭性澤弟弟發言說：「我哥哥是冤枉的，既然檢方都認定凶手不是我哥哥，希望法院能盡快釋放我哥哥，讓他早日回來。」群眾則是不斷喊著：「無辜人被判有罪，沒有人是自由人……。」

等了十五年的自由

過了將近一個月的時間，終於迎來好消息。臺中高分檢為死囚鄭性澤聲請的再審，臺中高分院於民國一〇五年五月二日下午做出裁定，就鄭性澤被訴未經許可持有手槍罪及殺人等罪部分，開始再審，並停止刑罰之執行。至於是否釋放受刑人，係由權責單位處理。

隔天下午，臺中高分院提訊鄭性澤，聽取檢辯雙方意見，決定有無再羈押的必要。審判長黃仁松最後宣布，鄭性澤在禁止出境、出海的條件下，沒有再羈押的必要。下午四點三十分，在弟弟陪同之下，鄭性澤抱著十三個裝滿個人物品的透明收納箱，從臺中看守所的正門口走了出來。

面對大批媒體的守候，鄭性澤大聲的說了三次：「自由的感覺真好！」說到已遭羈押十四年後終於走出看守所，第一件事就是要回到苗栗苑裡老家陪媽媽和家人吃飯，並且哽咽的謝謝所有關心他的人，也謝謝所有為他冤獄平反努力的人。

社會上，對於鄭性澤案的關注越來越多，媒體也緊跟案件的最新進展。臺中高分院在民國一〇五年六月四日開啟了再審的第一庭。雖然只是準備庭程序，尚未進入真正的審理，但要確認檢辯雙方對於每一項證據，是否認為有「證據能力」。就此，檢辯雙方都有許多共識，但對於原審判採用「兩階段移動殺人說」推論，是出自臺中縣警察局刑警隊鑑識組組長魏世政。但檢方表示魏世政組長從頭至尾都是以「證人」結文，但在法律上證人應該要「親自見聞」後，作出的證述才具有證據能力，如果只是主觀推論，並沒有證據能力。

不過這次準備庭，出現了一位特殊的告訴代理人。因為裁定准予再審的法官林美玲認為，這起案件是眾所矚目的重大刑案，雖然被害者也就是員警蘇憲丕家屬沒有自行提出告訴，但認為釐清案件對被害者家屬也很重要，所以在開庭前請犯罪被害人保護協會臺中分會給予家屬協助，任命徐承蔭律師擔任蘇憲丕家屬的「代理人」。

徐承蔭律師也轉達家屬的話：「家屬尊重法院裁定再審，但心痛、不能諒解，我們心碎失去家人，也難以平復。這十年我們何嘗不思念家人，又有誰告慰我們的家人？我們家屬不能諒解，案子走到現在為何還沒有確定，不管是誰打死的，難道就該被打死？司法的反覆讓我們人民心寒，叫人民如何信賴？」

在此之後，鄭性澤案歷經了七次準備庭、三次審理庭，終於在民國一〇六年八月二十四日進行最後一次的言詞辯論庭。

告訴代理人楊玉珍律師率先發言，對於本案再審過程忽略當初提出的新事證範圍，變成重新全面審理這件事表示不諒解。楊律師也認為鑑定人李俊億教授，並不具備法醫師的資格，對鑑定人的專業提出質疑。

針對另一位告訴代理人羅豐胤律師在庭上說：「在案件中沒看到刑求的紀錄，鄭性澤最初的自白應該可採信，案件的真凶就是鄭性澤」一事，鄭性澤顯得有些激動，他在意見表達時，要求法院調出當時進看守所，左眼浮腫瘀青的照片投影在法庭上，說：「看到這樣的照片，還覺得我沒有被警察刑求？我覺得很可笑。」並強調醫院不會說謊，當時入看守所的身體檢查就是有新傷，也再次詳細說出當年從KTV被帶到醫院治療，再從醫院被帶離至豐原分局刑求的過程。他也強調，在警方層層戒護下，有跟檢察官委婉提出驗槍的請求，但檢察官卻沒有這麼做。

鄭性澤在答辯的最後說：「再審之後所呈現的證據，更能證明我之前的努力、無罪抗辯——希望法官讓我早日獲得清白！」

辯護律師邱顯智更補充，根據司法院公務員懲戒委員會紀錄指出，替鄭性澤做筆錄的員警李慶鋒，早在民國八十三年就曾因刑求嫌犯留有紀錄，最後判決也有找出真凶；而另一起擄人勒贖案的判決書裡也記載，臺中縣警察局豐原分局的員警曾經在民國八十九年對嫌犯刑求。更舉出多個早年因刑求逼供而形成的冤案案例，並要以本案告訴警察，不應該再用這種方法來辦案了。

這次的言詞辯論庭開了七個多小時之久，審判長黃仁松最後宣布，由於本案比較特殊，需要多一點的時間來做判決，訂於十月二十六日上午十一點進行最終宣判。本案再審後歷經十一次開庭，最終臺中高分院撤銷原判決，殺人及持槍兩案，都改判鄭性澤無罪。法官認為，被告在警詢及偵查中的自白，不具任意性，所自白的內容也與事實不符，不能作為被告不利認定的證據。

臺中高分院表示，經勘驗鄭性澤在警詢書寫自白書的過程，發現警察並未依法詢問被告姓名等相關資料，也無權利告知程序，甚至在沒訊問被告涉案過程之下，先要鄭性澤寫下自白書。且鄭性澤在被提訊期間，臉部有新瘀傷出現，既違背警察辦案正常程序，也影響偵查自白的任意性。

另外，法官表示，證人張邦龍、梁漢璋先前曾作證稱「看見羅武雄交槍給鄭性澤」，但兩人又說交槍是羅武雄開槍射擊酒瓶之前的事，事後經鑑定，射擊酒瓶是制式克拉克手槍，如果羅武雄在之前就把槍「交給」鄭性澤，那羅武雄如何用這把手槍射擊酒瓶？另一名證人吳銘堂則稱，曾看到兩人在「換子彈」或「推子彈」。法官認為，先前鄭性澤曾說：「我拿槍（改造手槍）給他（羅武雄），他取走子彈後，就將槍還給我」的過程較符合。

臺中高分院也指出，根據原有資料及鑑定人意見，刑警蘇憲丕所中三槍是來自同一方向，而且是接續的，與起訴書中「二階段開槍」不相符，也無法確認羅武雄及員警蘇憲丕死亡順序，不排除是同樣在槍戰中死亡的羅武雄開槍打死警員蘇憲丕的可能，而且多人手上均有被驗出火藥反應，不應以此作成判斷是否為槍手的唯一準則。

針對本案，我也曾用心研究過，只是我不是被委託鑑定之人，所以個人意見純供專業討論與批評指教。我支持鄭性澤是被冤枉的，我也同意臺大醫學院法醫學研究所李俊億教授的鑑定結論。我的看法是：員警蘇憲丕第一槍在右眼下，研判從鄭性澤及羅武雄的方向都有可能射擊（見下頁圖 7-1），但是胸部的第二槍及右側頭頂部的第三槍，卻只有從羅武雄的方向才能打到（見第二三一頁圖 7-2），而且是在死者身體倒下的過程射擊所致。因為倒下的過程應該很快，所以研判這是一個連續開槍的過程，並不是「二階段開槍」或「移動轉位射擊」。

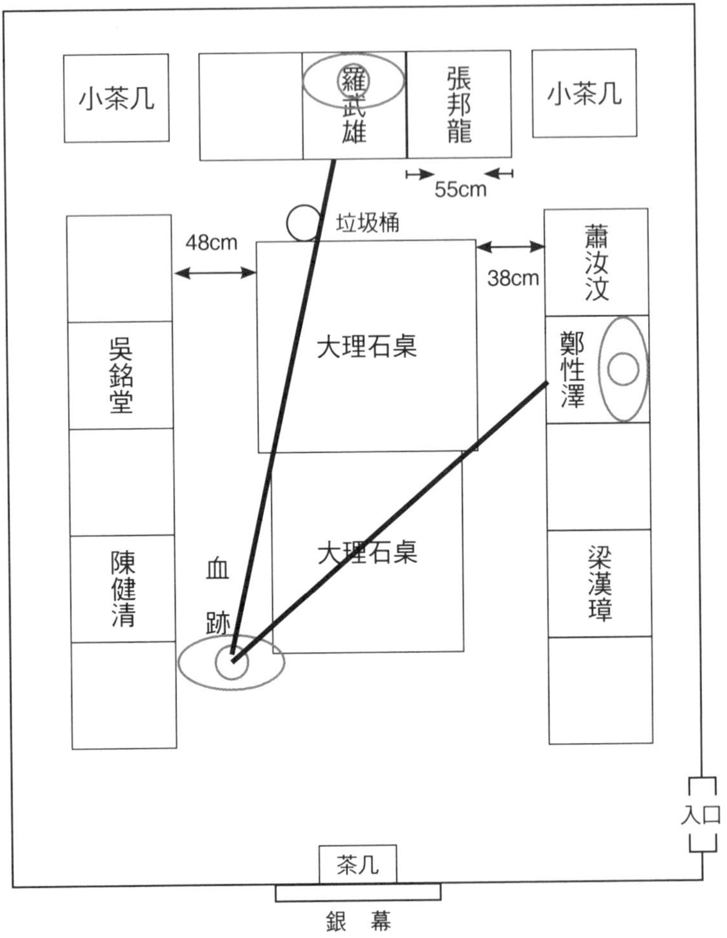

十三姨 KTV A10 包廂

▲圖 7-1 員警蘇憲丕第一槍在右眼下，研判從鄭性澤及羅武雄的方向都有可能射擊。（圖／謝松善）

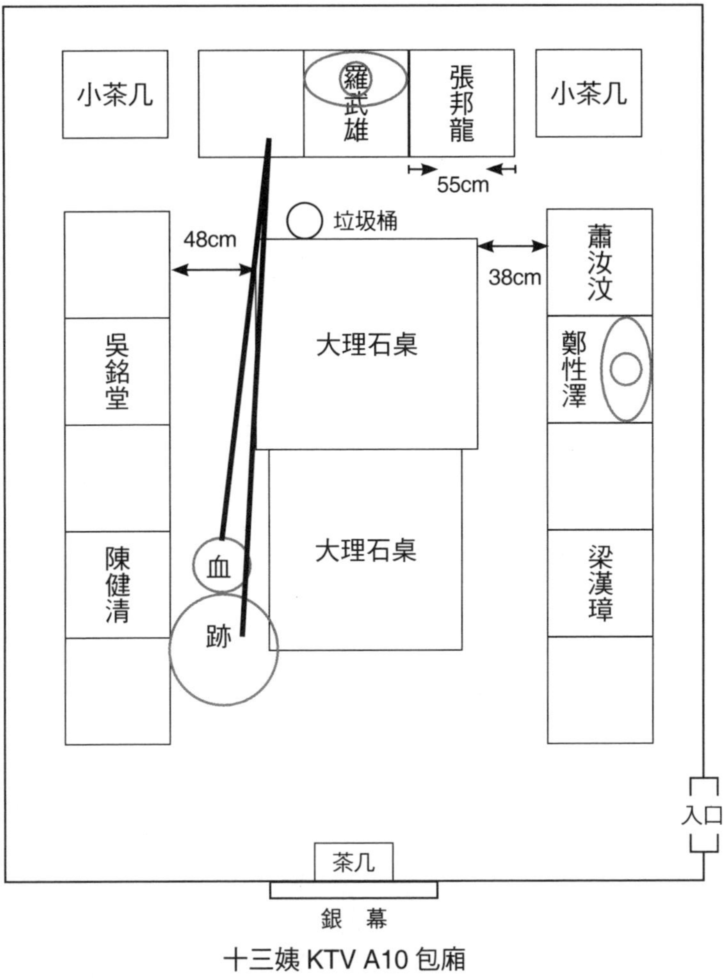

▲圖 7-2 員警蘇憲丕胸部的第二槍及右側頭頂部的第三槍，只有從羅武雄的方向才能打到，而且是在死者身體倒下的過程射擊所致。（圖／謝松善）

因為槍戰的過程鄭性澤左小腿已中彈，而且移動的路徑上並無血跡，所以他在開第一槍後，要在槍林彈雨中起身轉位到羅武雄的位置接續射擊，我認為應不可能。

此外，死者羅武雄身中兩槍，均貫穿，一槍由前胸中央部位進，射中心臟，由右後背出，從射入及射出口位置研判，我認為可能是門口的員警射擊所致。而另一槍是由右腹部進，穿過腹腔，由右後腰出，從射入及射出口位置研判，我認為可能是站在羅武雄右前方的員警蘇憲丕所射擊。因為現場有撿到蘇憲丕手槍射擊的五顆彈殼，但他究竟往那裡射擊？由於案發當時現場均無進行彈道重建，所以到底死者或傷者是那一把槍或那一個人所射擊？在事後要精確研判可能就很困難了。

違法帶槍，冤獄補償打折算

法官宣判完畢，眾人激動欣喜，鄭性澤也在辯護律師團的陪伴下步出法院。

在接受外頭大批媒體採訪時，他緩緩的掏出一封信，這封信不是要抗議司法的不公、不是要抱怨人生的無奈，而是有話要跟蘇憲丕的兒子說。

蘇憲丕兒子在案發當年才國小三年級，現在已經是二十五歲的大人了，他也繼承父志，當上警察。蘇憲丕的兒子這幾次開庭，也都默默的前來旁聽，但不希望受到媒體及他人打擾，透過告訴代理人來發表聲明表示：無論判決結果如何，他都予以尊重，但究竟無罪或有罪，對他來說意義不大了。

在這封準備已久的手寫信中，鄭性澤開頭先簡單提及這十五年來他與家人的壓力。後面則接續提到他內心深處、最深刻的記憶……

「在這十五年來，我腦海中始終有一段畫面，那就是當年我被警察帶到殯儀館，逼跪在你父親靈位前時，你正站在父親靈位前祭拜，你被腳鐐聲、逼跪聲驚動，轉過頭看向我的畫面。我和你對望了一眼，我們沒有交談，也不允許交談，你的眼神告訴我：『你是壞人。』但當時我無法告訴你，我不是。知道你很痛苦，但是我真的不是，我不是殺死你爸爸的人。真的！」

這起冤獄的開始來自於民國九十一年一月六日的手寫自白書，冤獄的結束在於民國一〇六年十月二十六日的這封無罪宣判的告白手寫信。鄭性澤說，很慶幸在民國九十五年沒有被執行死刑，才有機會能將封藏十五年的話說出來。他用這樣的一段話寫下句點：

「今天以前，我是一個沒有明天的人，從這一刻起，我要重新開始我的人生。在這裡，我祝福你，也祝福你的家人！」

審判雖然已經結束，但還不是最後的終點。根據《刑事補償法》，在刑事追訴過程中，曾受到錯誤關押的受害人，得請求國家補償。鄭性澤律師團依法替他以一日最高五千元、受羈押五千兩百三十三日來聲請補償。不過冤獄補償結果在民國一〇七年八月二十八日出爐，臺中高分院裁定以受羈押四千三百二十二日、一日四千元來計算，共補償鄭性澤一千七百二十八萬八千元，本案是臺灣司法「史上第三高的刑事補償」，僅次於已遭槍決的江國慶（見《臺灣大案鑑識現場》（任性出版」第三章），與遭控綁架建商的徐自強。

法院的理由是：就羈押天數來說，臺中高分院扣除鄭性澤因「槍枝罪」兩年的刑度及罰金易服勞役一百八十日（合併執行九百一十一日），最後剩餘四千三百二十二日；至於金額部分，法官認為，案發時鄭性澤受友人（羅武雄）之託，拿著兩把改造手槍在現場，就是違法不當的行為。所以對於這起冤案，他本身有一定程度的可歸責事由，因此沒辦法給予他最高金額的補償。

辯護律師邱顯智覺得非常離譜，並且痛斥，偵辦警方他們自圓其說的「交槍說」、「兩階段移動殺人說」才是真正該歸責的。他強調，鄭性澤被關了五千兩百三十三日，但這並不是無期徒刑，而是死刑，他每天都擔心自己會被槍決。如果沒有被關的話，鄭性澤的人生到底會變怎樣？而失去的家庭、事業、自由及整個人生，究竟又要多少金額才能補償？無語問蒼天……。

臺灣超級大案鑑識現場

槍枝來源鑑定

圖、文／曾春僑副教授

我國為槍枝管制國家，制式槍枝取得不易，不法分子常以黑市走私或自行製造等方式取得，而根據精密度、製造工廠、功能等，國內目前將查獲槍枝區分為下述種類：

一、**制式**：合法兵工廠生產，有專屬註冊商標、零件，且在國際上合法販售時，須通過相關驗證標準。

二、**非制式**：泛指制式槍枝以外之各類槍枝，威力因原始設計目的與改造程度而有所不同。

•仿造槍：即高仿槍枝（見左頁圖7-3、圖7-4），多是較具規模兵工廠，在未經原廠授權下仿冒而來，其作用原理、零件、商標等幾乎與原廠相同，只是耐用

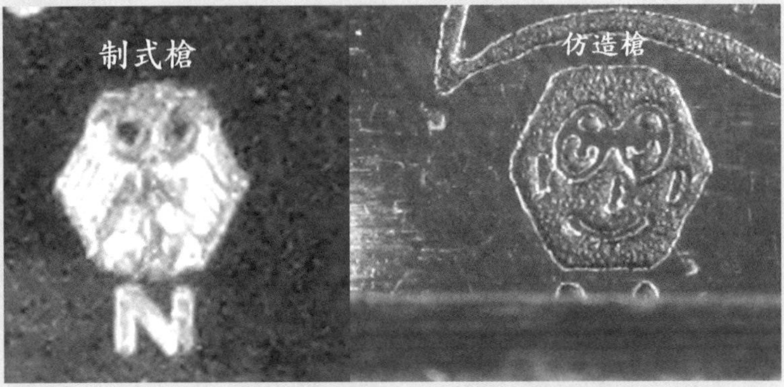

▲圖 7-3 制式槍枝（左）與仿造槍枝驗證標記差異。

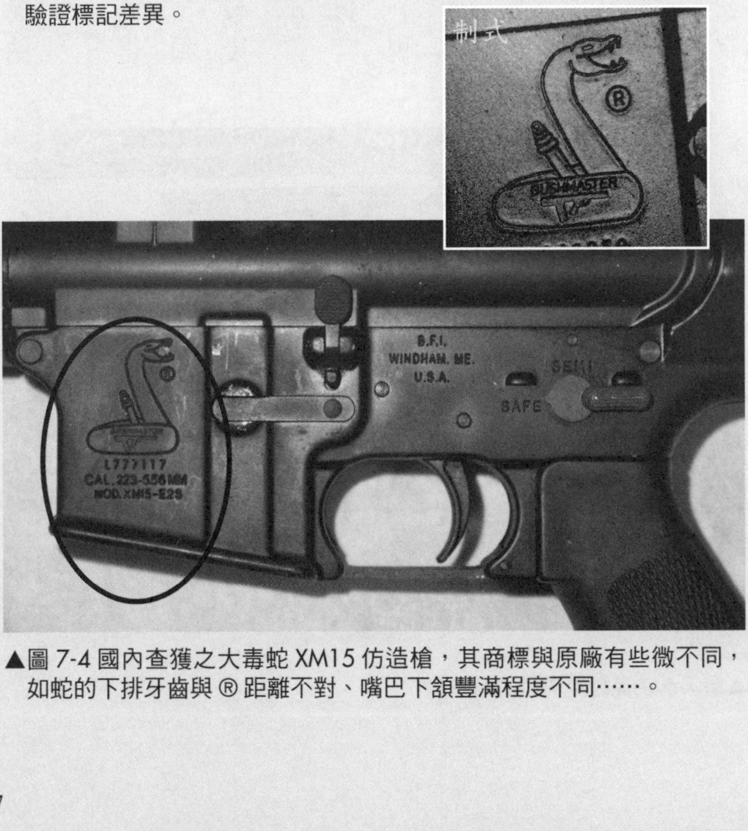

▲圖 7-4 國內查獲之大毒蛇 XM15 仿造槍，其商標與原廠有些微不同，如蛇的下排牙齒與 ® 距離不對、嘴巴下頷豐滿程度不同……。

與精密度不同，而國內查獲仿造槍枝最大宗來源為菲律賓。

・模型槍：合法武器工廠取得原廠授權後生產，槍管具阻鐵，須使用特殊空包彈，通常作為射擊後座力適應訓練、野外活動威嚇野獸用，故與模型玩具不同，國內將其認定為列管模擬槍範圍。可將其視為無法正常發射子彈，其餘構造均與真槍動力雷同之槍枝，過去常查獲之土耳其製 ZORAKI 925 空包彈槍即屬此類。

・模擬槍：民國九十四年修法後新增管制之槍枝，定義也經多次

▲圖 7-5 仿克拉克外型之模擬槍。

修改，目前定義為有類似真槍之外型（見右頁圖7-5）、構造或材質，且有類似一種以上之各款火藥擊發機構裝置，如槍機[1]、撞針、擊錘[2]、預留槍機安裝空間、裝填子彈機構等，足以改造成具有殺傷力者。但藉壓縮氣體、壓縮二氧化碳、機械彈簧、電池或其組合釋出動能，以推進彈丸，不具前述裝置之一，且不具殺傷力之低動能遊戲用槍，不在此限。

• 操作槍：民國一〇九年六月十二日修法前之定義為，槍管具阻鐵無法發射子彈，亦不具打擊底火[3]功能之模擬槍，最常見者為仿 Taurus 之 JP-915 槍枝，但修法後將此定義廢除，目前此類槍枝全部納歸模擬槍管制，故鑑定書不再使用操作槍枝名詞。在來源逐漸受限下，利用此類槍枝改造之數量漸少，目前逐漸以空

1 Action，後膛槍械的一個重要部分，泛指用來完成子彈的給彈、裝填、閉鎖、擊發、開鎖、退殼、拋殼等一系列動作的所有機械部件。
2 Hammer，火器類槍械中負責直接擊打，或間接透過擊針傳力擊打火帽／底火來點燃發射藥的部件。
3 槍彈或砲彈底部的發火裝置，是裝著底火藥的銅帽（因為雷汞有毒，現在用雷汞的很少了，可能為四乙基酸鉛，但每個廠牌配方不一樣，所以統稱為底火藥），受撞針撞擊時，就引起發射藥的燃燒。

▲圖 7-6 BB 槍改造成可擊發一般子彈之火藥動力槍枝。

▲圖 7-7 以鐵管製造的土造鋼管槍。

氣槍改火藥槍方式進行。

・改造槍：以模型槍、模擬槍、空氣槍、玩具槍等改造為可發射子彈之槍枝。

・土造槍：以各類非屬槍枝零件，製作而成之槍枝，亦即無中生有製造可擊發子彈之武器，例如以鐵管製成鋼管槍（見右圖7-7）等。

氣體動力槍枝，俗稱空氣槍

氣體動力槍枝即俗稱的空氣槍，凡是利用釋放氣體壓力發射彈丸槍枝均屬之。主要特性包括以塑膠槍管為主體包覆金屬內襯管，槍機不具撞針，槍機常與滑套連結無法分離，彈匣無法裝填子彈，僅能裝填彈丸，彈匣具出氣嘴、充氣嘴或是洩氣閥等。目前使用氣體種類主要為壓縮空氣、二氧化碳以及丙烷混合氣體等；就氣體提供方式分類，常見有外接高壓鋼瓶、小型二氧化碳高壓鋼瓶、填充氣體式、電能驅動馬達帶動活塞壓縮氣體式等。

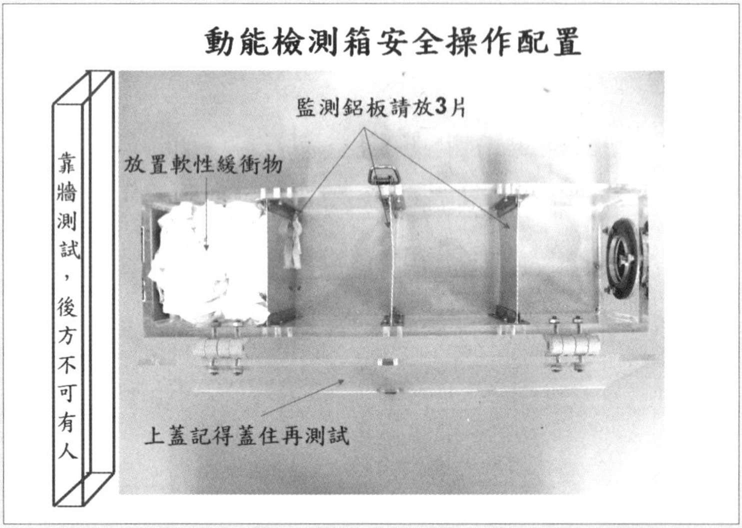

▲圖 7-8 空氣槍動能測試用檢測箱，內置 0.55mm 厚之動能檢測鋁板，每片隔 10 公分。若擊穿第一片表示動能大於 16 焦耳；擊穿第一、第二片表示動能大於 20 焦耳；三片都擊穿表示動能大於 24 焦耳。

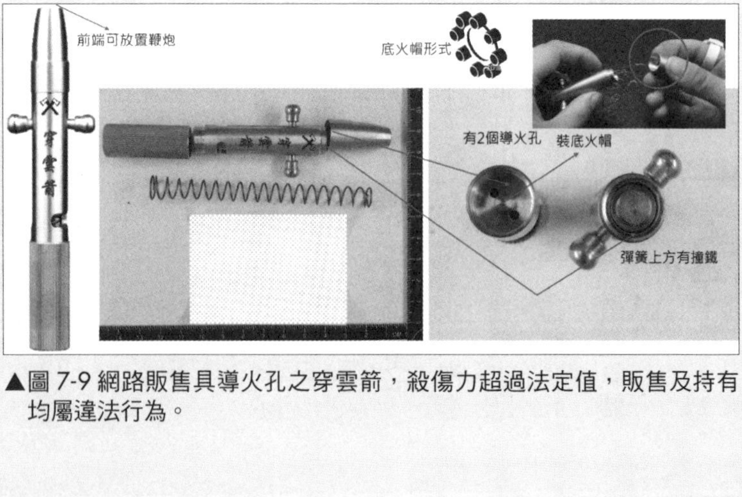

▲圖 7-9 網路販售具導火孔之穿雲箭，殺傷力超過法定值，販售及持有均屬違法行為。

第三部

與犯罪者鬥智的科學

8

不被愛的才是第三者？

── 溪湖國中女教師張玉青命案，民國 85 年

彰化溪湖國中張玉青老師的命案是我第一起學成歸國後，運用血跡型態釐清案情、突破謊言、出庭作證及證明犯行的案件，過程離奇曲折，令我印象深刻，直到現在記憶猶新。血跡型態的鑑定在八〇年代，應用在實務案件的分析研判尚屬稀少，當然這要感謝我的恩師李昌鈺博士在美國的照顧與教導，讓我能學以致用，順利破案。

雨中送醫，故布疑陣

民國八十五年五月五日凌晨，臺北市警察局中正二分局接到郵政醫院的報案，指稱院內有一名女子，叫做張玉青，被朋友送到醫院急救，但因為傷勢過重，到院發現已死亡多時。送來的朋友原本想要離開，但經醫院予以挽留，並報警處理。

警方接獲通報，趕緊派員警到場處理。四十三歲的楊姓朋友原本跟醫院及警察說，他跟死者不認識，他是看到死者倒在住家樓梯間，才好心幫忙送醫。但依常理判斷，你發現有陌生人倒在你家樓梯間，而且受傷流血，那當然是打一一九請救護車協助送醫，及報警到場處理。因為說法實在太可疑，不合常理，警察也抱持懷疑的態度，所以楊男後來又改口，他跟張玉青只是泛泛之交，過去只見過四、五次面，平時很少連絡。

五月四日晚上十一點多，張玉青突然到他位在廈門街的住處樓下按對講機，當時他正在洗澡，他按下樓下門的開關後，死者就自己走到四樓，猛拍他住處的鐵門，他稍後穿著短褲開門，就看到張老師倒在門口鞋櫃旁，渾身是血。

當下他嚇壞了，於是急忙背著張玉青到附近一家婦產科診所就醫，但因為醫師不在，而且他們是婦產科不是外科，所以他又轉到臺北市立婦幼醫院，婦幼醫院看到是外傷，他們沒有外科急診醫師，無法處理，最後才又轉到郵政醫院。而且當時外面下著傾盆大雨，也沒有人幫他們撐傘，所以後來有目擊者跟警察說，當晚他有看到一個男子，身上背著一個女的在大雨中慢行。

警方詢問過楊姓男子後，立刻帶著他到住處查看，發現楊男的林姓未婚妻，除將死者留在公寓二到四樓樓梯，及牆面上的血跡清理掉之外，連死者皮包上的血跡都擦拭過。未婚妻辯稱是因為她看到血就覺得很噁心，所以才會裝水擦拭掉樓梯所有的血跡，而擦拭血跡的抹布及衛生紙，都已經裝袋丟到垃圾車收走了。

到場的員警發現情況嚴重，遂報請分局偵查隊派員到場進行調查。分局的偵查人在通盤了解案情及到現場查看後，覺得案情不單純，認為楊姓男子應該有說謊，涉有嫌疑，所以就通報刑警大隊鑑識組到場，支援勘察採證及協助釐清案情。而當時我是擔任臺北市政府警察局刑警大隊鑑識組的組長，在接獲分局通報後，我就帶隊到案發現場去了解狀況。

死者張玉青年約二十六歲，是韓國華僑，家中排行老二，與姊妹三人一同來臺求學，師範大學畢業後分到溪湖國中任教。因為對攝影有興趣，而加入臺北市攝影學會。民國八十三年（案發兩年前）在植物園認識業餘教人拍照的楊勝雄，楊男在公家單位上班，未婚妻跟他在同一單位服務，他們同住在案發現場的四樓。

但警方深入調查後發現，張玉青跟楊勝雄認識後，經常北上探望楊男，甚至有一次她帶著楊男，和在臺大念書的妹妹去唱歌時，跟妹妹說楊男是她的男友，而且對她很好。所以警方對楊男所說，兩人只是泛泛之交的說法存疑。這案子在初步訊問後，因為缺乏直接證據，就先將楊男以及未婚妻飭回。

張玉青在溪湖國中擔任國文專任教師，是位很有責任感的老師。她雖然是僑生出身，但平時教學認真嚴謹，人也很客氣，所以很受學生與家長的喜愛。教務主任還透露，張玉青跟三位女老師在學校附近合租房子，生活很有規律，也很少跟外界接觸，在校內沒有與人結仇。

當時警方懷疑楊勝雄跟張玉青彼此關係不單純，楊男卻強調從認識到發生命案只見過四、五次面，但這又跟張老師的妹妹說法兜不起來，如果兩人真的一點關係都沒有，他似乎沒必要刻意撇清關係。

案發後警方曾查訪樓下鄰居，其中一名婦人說，案發當日她在晚上十一點十分左右回家，但因為孩子做錯事被丈夫罰站，這位婦人就陪著孩子站在門口大概七分鐘。當時曾清楚聽到樓上的樓梯間傳來年輕女孩子的叫罵聲，因為屋外雨勢聲音很大，樓上的爭吵聲一定很激烈，才可以聽得這麼清楚。不久，她聽到一聲慘叫，叫聲很痛苦，接著就是呻吟的聲音。另外一位鄰居也證稱，他被樓上的撞擊聲吵醒後，接著聽見一個女孩疑似受重傷的叫聲，呻吟聲持續約三到五分鐘，且穿插著男子講話聲。

警方還找到一個在樓下賣麵的攤販，老闆跟警方說案發前有看到張老師坐在麵攤，但沒有點菜或用餐。老闆上前搭話時問她是等人，或是準備抓姦？張老師神情恍惚，沒有搭理他。直到晚上十點三十五分左右，一輛吉普車開進停車場，張老師隨即起身躲藏在麵攤旁的石柱，五分鐘後才起身前往楊男住處，在這之前沒看到她有任何外傷及異狀。

遺體經過法醫相驗後，發現張老師是正面被一把單刃的凶刀，從左側腋窩下方十二公分刺入，深達十三公分，穿過胸膜囊、橫膈、脾臟、胃臟及右腎臟，並造成右腎臟周邊出血，最終引起左肺萎縮及出血性休克死亡，可說是一刀斃命，由於刺入的很深，警方懷疑凶手力氣應該很大。

本案在法醫進行被害人屍體解剖時，檢察官特別要楊勝雄及未婚妻兩人全程觀看，希望能突破他們的心防，因害怕而坦承犯行。當時，我也參與解剖蒐證，偶爾瞄一下他們的反應，看到楊勝雄注視著所有的過程，嘴巴唸唸有詞，但不知道是在唸什麼？未婚妻林女則全程都躲在楊男背後不敢正視。

到底張玉青老師有沒有感情糾葛，可能還需要其他佐證。當時警方在命案現場沒有找到更多證物，因此就在張玉青二姊的陪同下，前往她在彰化溪湖的住處及辦公室展開搜查，但都沒有找到張老師與楊姓男子交往的照片，只有在筆記簿上發現一些線索。筆記簿上寫著「完了，從此不再見面，完了也要見一面，可惡、混蛋」等字跡，這被列為偵查的重點及重要的證物帶回，警方研判可能是張老師得知楊男有未婚妻，及被斷絕往來後，激動之下所寫的憤怒字條。

另外，也有學校老師提供線索，說曾經在年初見過一位留著長頭髮，還有蓄鬍子的男子，來溪湖國中找張老師，這個面貌形容與楊勝雄很相似。

警方在住處附近訪查時，得到民眾證稱，在案發當天晚上十一點十分，就有聽到男女爭吵的聲音，這跟楊勝雄所說的時間至少相差了半小時，這中間的落差極有可能就是凶嫌在討論如何善後。

當時還有民眾提供線索給警方，說他在案發當天看到楊姓男子，背著張老師走到泉州街、廈門街口，當時張老師癱軟不動，似乎已經氣絕了。這個線索讓警方很興奮，因為這代表張老師很可能是先被殺死，再故布疑陣送到醫院去急救。

還有，警方對於凶刀的查訪，也極為關注。到底刀子去了哪？又從哪來？經調查得知，楊勝雄有收藏刀的嗜好，家中有好幾把刀，但是其他的刀都是完整組合，只有一把刀的黑色刀鞘，是在客廳的茶几下方找到，但刀身已經不知去向。

此外，在現場住處門框、沙發上的藤蓆，還有電風扇上都有採集到血跡，楊勝雄辯稱是扶起張老師後，沾到血不小心帶到屋內。還有，在屋內有搜查到張老師的臺大醫院掛號證，楊男辯稱，是因為張老師有皮膚病，請他幫忙掛號，才留在他家中。

案發一個禮拜後，在楊勝雄以及未婚妻的同意下，警方進行了測謊，針對當晚行蹤等關鍵問題，出現明顯的排斥拒絕現象。經偵查人員再次訊問時，楊勝雄最後坦承，曾經跟張玉青發生親密關係，但辯稱是她自願獻身，對於關鍵事件經過的時間差，他則以當晚有喝酒記不清楚，含糊帶過。

警方在參考多項證據後，將楊勝雄及未婚妻兩人移送偵辦，但檢察官訊問後則諭令各十萬元交保。在這之前，警方二十四小時監控嫌犯楊勝雄，以及其未婚妻的行蹤，發現他們兩人不但常到寺廟燒香，楊勝雄也在家裡擲筊，求神問卜，家裡還多了一把驅邪的桃花木劍，讓人懷疑他們心中是不是有鬼。不過，此次檢方訊後諭令交保，無疑是打了警方重重的一巴掌。這代表檢察官認為事證尚不明確，或是認為楊勝雄及其未婚妻沒有逃亡、串供以及湮滅證據的疑慮，然而事實上真的是這樣子嗎？

現場跡證被抹去，死無對證

當時警方偵蒐老半天，最後竟然就讓嫌犯兩人交保了，代表證據不夠充足？又經過一個半月徹底的調查及補強證據後，警方再次依照殺人罪把全案函送，但嫌犯兩人依然堅稱沒有涉案。不過，這次檢察官掌握到更充分的證據，形成心證，認為楊勝雄涉嫌重大，改令收押禁見。

再經半個月的調查後，偵查終結。檢察官認為楊勝雄跟張老師曾經在民國八十三年間是戀人，但後來楊勝雄與林女交往，且論及婚嫁，導致張老師惱怒，北上找楊勝雄討公道。當晚十一點二十分發生口角爭執後，楊勝雄持刀殺死張老師，並跟未婚妻共同擦拭血跡湮滅證據，還偽裝背著張老師就醫。因此依照殺人罪具體求處楊勝雄死刑，未婚妻則依照湮滅證據起訴。

在開庭期間，楊勝雄仍維持他的說詞，辯稱晚上十一點四十分，是跟未婚妻一起洗澡，聽到有人按一樓門鈴，從對講機知道是張老師，在打開一樓大門後繼續回去洗澡，大約經過五、六分鐘，他就聽到急促的敲門聲，以及緊張呼喊「楊老師、楊老師」的聲音，他才開門，見到張老師身上流血靠在門口鞋櫃旁，跟他說「我好痛，很不舒服」。

他見狀就馬上背著張老師送醫，因為張老師是精神恍惚的一個人前來，沿路都有暗巷，樓梯間也是封閉空間，歹徒都相當容易下手。縱使他跟張老師曾經發生過關係，還跟未婚妻論及婚嫁，但綜觀形式，他怎麼會有殺人的動機呢？

未婚妻則對警方說，她聽到敲門聲後走出浴室，未婚夫就叫她拿衛生紙，她看到衛生紙擦拭後有血跡，就相當緊張，因為她父親生前就是因為大量出血死亡，所以很害怕看到血，加上為了不影響其他住戶進出，她就開始提水及用抹布清洗樓梯，以及牆上的血跡，並不是刻意要湮滅證據。

審判的法官考量諸多證據，認為並不是如他們所說的那樣：

第一，張老師隨身攜帶的雨傘在案發第二天，在一樓樓梯間被警方扣得。但這把傘，其實在案發當天凌晨，就已經被鑑識單位的相機拍下來了，但雨傘出現的位置不在一樓樓梯間，而是直直的放在四樓鞋櫃上。法官認為，如果張老師在到達四樓前就遇害，怎麼還會把隨身攜帶的雨傘安放在鞋櫃上的道理？因此，這把傘是最後才被人拿到一樓掩飾罪行。

再來有多名證人都有聽到樓上傳來的爭吵聲，以及麵攤老闆看到張老師神情恍惚在等人，一看到楊勝雄的吉普車經過巷道，她馬上抓起皮包追了出去。搭配死者傷勢位置判斷，如果是左手持刀自戕，難以深入左腋窩下十三公分；如果是右手持刀自戕，理應直接刺擊人體要害，這是第二項關鍵證據。

我作證的血跡型態則是第三項，法官認定依照血跡型態、分布情形，並選取不同角度血跡位置，模擬血跡運行路徑，重建血源高度結果，四樓樓梯東側牆面上噴濺血跡的血源高度，距離地面約一百公分至一百一十公分，跟張老師被刺傷的左腋下傷口高度一百零五公分吻合，說明張老師很可能是站在四樓門口對面被刺殺的。其餘樓梯上血跡血源重建結果，血源高度距四樓樓梯階面分別約為七十八公分至九十二公分，以及七十五公分至九十公分，都是從上往下方向噴濺的，研判可能是在受傷逃跑時所遺留。

而且現場四樓往三樓的樓梯轉彎平臺，雖然血跡被擦掉了，但鑑識人員用鄰甲苯胺（O-Tolidine）試劑噴灑測試結果，發現有大面積的血跡反應，所以研判應該是張老師被刺傷之後逃跑倒臥的地方。還有，楊勝雄曾跟警方說，他們發現張老師的皮包及鞋子掉落在一樓往二樓的樓梯轉彎平臺，而且該處有血跡，

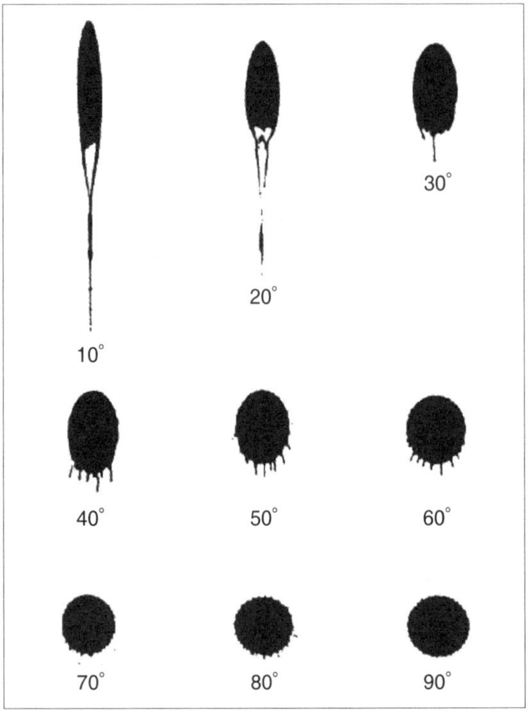

▲圖 8-1 血跡以不同角度滴落紙板型態變化情形。（圖／謝松善）

隨後他們將皮包及鞋子撿起來。但該處經過鑑識人員用鄰甲苯胺試劑檢測後，根本沒有血跡反應。反而在三、四樓樓梯間是血跡斑斑，三樓樓梯牆面經血跡試劑檢測結果，還發現有血跡被擦拭的痕跡。

依據警方鑑識結果，在一、二樓樓梯間根本沒有發現血跡，可見張老師絕不是在大樓外遇害後才到裡面求救。搭配上述情形，如果張老師是在四樓以下樓層遇害，她勉強撐到四樓求救，不可能同時造成四樓牆面與第一、二階樓梯垂直面的噴濺血跡。而四樓牆面血源重建的高度，跟張老師左腋下的傷口高度吻合，不就正是張老師在四樓門口遇害的鐵證。

第四項關鍵證據是調取通聯，張老師跟楊勝雄認識後時常以電話聯絡，並發生過性關係，沒想到楊勝雄卻與另一位女友論及婚嫁。法官認為就是張老師與楊勝雄之間的感情糾葛。未婚妻與張老師素不相識，當天兩人還是初次見面，未婚妻應該不會僅僅因為楊勝雄也喜歡張老師就萌生殺機。尤其當時他們兩個已經論及婚嫁，未婚妻可說穩居上風，自然沒有殺害張老師的必要，因此本案的凶手就是楊勝雄。

這個案件有個小插曲，是有關測謊的，警方要求楊勝雄及未婚妻接受測謊，他們也同意，這份測謊結果相當有趣，當時兩人都否認「張老師是楊勝雄所殺害的」，針對這個問題的回答反應，兩人都沒有說謊，這個結果是不利於檢方的。但是該次測試，針對楊勝雄否認有跟張老師發生過性行為，反應結果是沒有說謊。這跟他自己向警方承認的內容相違背，因此法官認為刑事局進行的這次測謊有疏失，不足以當作參考。

檢察官雖另以未婚妻除擦拭血跡，丟棄抹布之湮滅證據行為外，還將楊勝雄殺害張老師的凶刀一併丟棄，亦涉有湮滅證據罪嫌，惟她仍堅決否認此部分犯行。本案楊勝雄殺害張老師的凶刀，依臺灣高等法院檢察署法醫中心之鑑定書，僅知為一單刃凶刀。雖然被告楊勝雄辯護人所提供，與扣案刀鞘相同之刀，有可能造成本案張老師所受之刀傷，但難據以認定該刀鞘原所屬之刀身，即為楊勝雄殺害張老師之凶刀，且已經被未婚妻丟棄而滅失。是未婚妻此部分犯罪事實，尚屬不能證明。

這個案件即便開庭時沒有直接證據，但法官依照了各種間接證據，認定楊勝雄就是因為情感因素殺害了張老師。即便他先跟張老師有肌膚之親、跟未婚妻有婚約在後，但看到張老師來責問，非但沒有愧疚之心還手刃了張老師，犯後還不斷飾詞狡辯，看不出有絲毫悔意，因此判處無期徒刑。而未婚妻與死者同為女人，卻沒能體諒張老師片面付出感情，並已失身，相當可憐，甚至因此招惹殺身之禍，而她卻一心為未婚夫湮滅證據。但考量到她也是為了情感才這樣付出，因此判處六個月有期徒刑得易科罰金。

真相，你相信嗎？

其實這一起案件可以確定的是楊勝雄及未婚妻說謊，且其中必有一人殺了張玉青老師，但到底誰才是真正的凶手？在現場被清理毀滅，及做案工具與物證都被丟棄滅失的情況下，要證明的確有困難。本案檢察官及法官都認為，未婚妻林女跟張老師初次見面，而且她已是這場感情競爭中的勝利者，所以沒有殺張老師的理由。因此，是楊勝雄不堪張老師死命糾纏與興師問罪，所以不念舊情，狠心殺了張老師。

但我認為，楊勝雄與張老師有交往並發生過親密關係，占了好處。測謊時，張勝雄與未婚妻都否認「張老師是楊勝雄所殺害的」，且針對這個問題的回答反應，兩人都沒有說謊。再者，在張老師遺體解剖時，楊勝雄全程看著解剖過程，口中唸唸有詞。倒是未婚妻林女一直躲在楊男的背後，不敢正視一眼。

還有，以殺人的用刀動作而言，張老師與未婚妻兩人身高差不多，都是一百五十幾公分，要右手持刀三十度左右斜向刺入被害人左腋下十三公分，以身高相近的人較方便使力運刀。而楊勝雄有一百八十幾公分，他方便運刀刺殺的位置應該是在頭頸部，如果他要刺張老師左腋下，就必須彎腰施力，會比較不順暢。而且，女人的醋勁有時比男人還大，手段也很殘忍，所以還是要把未婚妻動手殺人的可能性納入考量。不過，鑑識科學是有極限的，在缺乏物證的連結證明下，誰才是真正的殺人凶手，要證明的確有困難，所以就留給檢察官及法官自由心證的空間。

此外，本案的犯罪動機當然跟情感有關，在實務的殺人案件中，情殺也占有蠻高的比例。戀愛的滋味是甜蜜的，但戀愛的學分是最難修的，感情的問題也是最難處理的，如何分手原本就沒有標準答案，因人而異。有的情侶分手淡然平和，但有的就演變成凶殺案件，就像「鐘擺效應」般，也就是說愛得越深，全心付出，猶如到了鐘擺的一個高點。萬一有一天發現對方劈腿背叛，大家反目成仇，那反彈的力道就會越大，如同回到鐘擺的另一個高點，因此常發生失控的悲劇。

如果兩人相愛能清淡如水，若聚若離，相互尊重，慢慢品嘗，回味無窮。萬一有一天兩人覺得不合要分手，一般情況都會比較理性溫和，甚至還維持朋友的關係。不過說得容易，做得難，這還是因個性、年齡、經歷等不同而有差異。總之，願天下有情人終成眷屬，緣盡分手好聚好散。

臺灣超級大案鑑識現場

犯罪現場血跡型態

圖、文／曾春僑副教授

血跡型態是一組可顯示其形成方式的血斑特徵型態及分布區域，分析內容包含血跡大小、形狀、數目、血量、位置分布及型態特徵等。透過型態分析，鑑識人員可了解如撞擊角度與力道、血滴與目標物距離、施力方向與次數、可能的武器種類與出血位置，以及事件前後相關位置與移動情況。此外，還能推測發生時間順序、是否為第一現場、甚至在未發現屍體時，推估死亡可能性等議題。

分析血跡型態時最常以作用力大小進行區分，包括如下：

一、**慢速血跡噴濺痕**：當作用力小於每秒一．五公尺低速力量時，血滴撞擊物面後形成的血跡，因力道小，故直徑通常會大於四公釐以上，如低處滴落、手部擺動拋出、流鼻血、手指受傷、自鼻腔或指尖滴下、移轉型血跡等均屬此類。

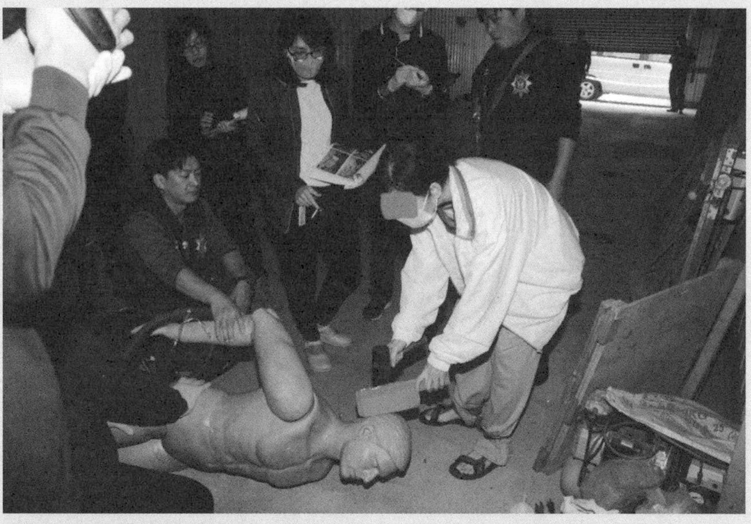

▲圖 8-2 過去有時需要靠當事人說明，以驗證血跡研判結果。

▲圖 8-3 蘇建和案件之血跡型態模擬場景。

二、中速血跡噴濺痕：介於慢速與高速間，以每秒一·五公尺至七·五公尺速度撞擊物面後形成，通常為直徑一公釐至四公釐小血點，此類血跡多以鈍器或銳器攻擊他人後形成，血滴邊緣不整齊，且主血滴外會有一些散落的微小血點（見左頁圖8-4）。

三、高速血跡噴濺痕：作用力大於每秒三十公尺的力量撞擊物面後形成，通常以血點小於一公釐狀態顯示。在槍擊、爆炸或機械快速運轉場合所造成的損傷，因速度更快，常以〇·一公釐之血點呈現（見左頁圖8-5）。

四、其他的血跡型態：非屬於前三項血跡型態，如動脈噴出、拋甩、吐血、咳血、重踩血液等。

血跡重建步驟

重建前須先確定要重建之血跡斑均為同一出血點，重建步驟如下：

步驟一，記錄。記錄各血源位置，於現場找到固定座標原點，以三維方式記

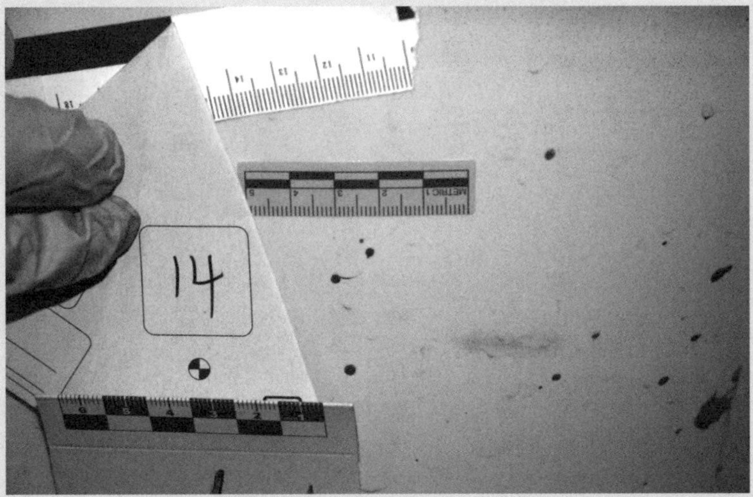

▲圖 8-4 中速度血跡多為鈍器或銳器造成。

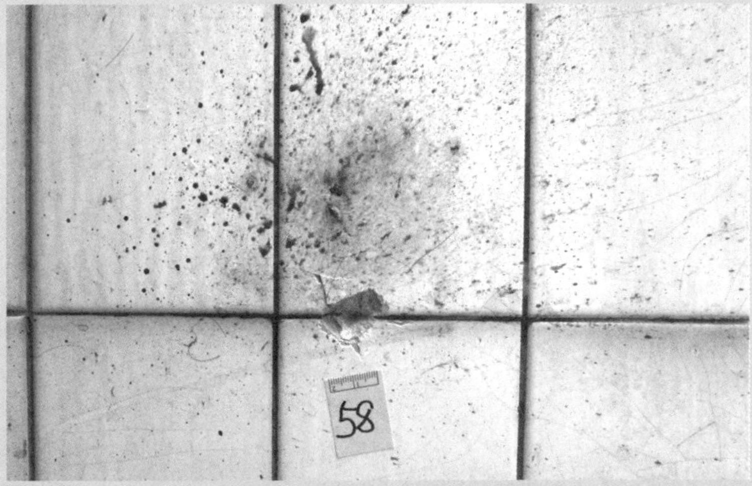

▲圖 8-5 槍擊產生高速噴濺血點。

錄座標值。

步驟二，測量及計算。測量血跡斑長寬值，即噴濺角度，以推算撞擊角度。

步驟三，行經路徑研判。以同次、同源血跡斑，並輔以撞擊角度研判方向。

步驟四，拉線法重建。可以平面或立體法重建。

・2D法：數個血斑在2D平面匯集處即為血源位置（見圖8-6）。

・3D法：於選定血跡共同平面延伸處置放直柱，以細繩、膠帶配合量角器拉出血跡斑角度後，將線端黏在直柱上。所有血點在該交會平面上方高度範圍，即所謂的血源區（見左頁圖8-7）。

步驟五，可能誤差與電腦修正模擬。重建位置可能與真實血源位置有差異，另血源可能非固定，故推測血源位置時必須留意傷者身體移動，與血滴飛行受到空氣阻力因素導致的誤差。

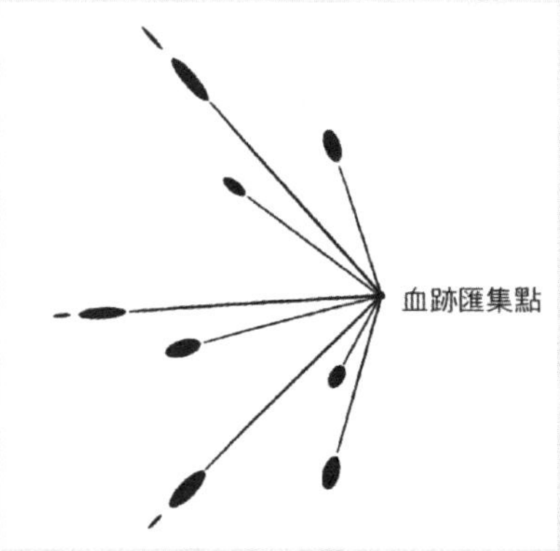

▲圖8-6於2D平面畫出噴濺血跡的匯集點。（圖／謝松善）

影響血液流動因素

血液在體內、流出或拋甩飛行時均呈流體狀態，因人體健康狀況差異，導致每個人血液組成比例有所不同，連帶影響血液流體運動，根據現有理論，影響血液流動因素如下：

一、**表面張力**：球面是同樣體積下面積最小的面（體），因此在沒有外力的情況下，液體飛行時受表面張力影響，會以球狀呈現，而血跡撞擊表面時，才能有效估算角度。

二、**密度**：血液為混合物，組成因人而異，故研判時可能因血液濃稠度不同而

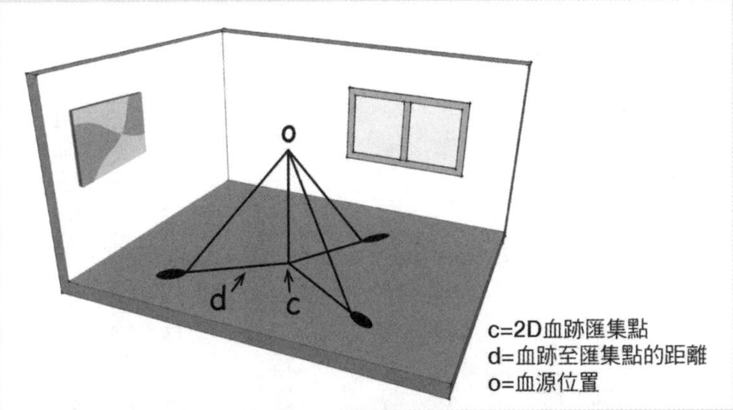

▲圖 8-7 於 3D 空間拉線重建噴濺血跡的血源位置。（圖／謝松善）

產生誤差。

三、牛頓流體[1]**與非牛頓流體**：牛頓流體的黏度不隨流速改變，而非牛頓流體的黏度會隨剪切速率[2]而變化。血液為非牛頓流體，流量大時，黏度會降低。

四、黏度：黏滯力是黏性液體內部的流動阻力，並被認為是流體自身的摩擦所致，在不同直徑血管出血時，黏度也會有所不同。

五、黏彈性：為黏性和彈性的結合，亦即黏性流體與彈性固體的流動特性組合，民國九十五年開始被用於研究身體血液循環，故也與血跡形成形狀有關。

六、液滴動力學：用於分析血滴飛行時各方向受力、橫截面密度、角度等對血跡形成之影響。

- 撞擊角度：包括方位角與仰角，透過血滴行進方向，亦即在撞擊平面上投影方向，決定軌跡切線與撞擊平面形成的角度，以確定橢圓平面大小與血源區域。
- 橫截面密度：終端速度取決於下落物體的橫截面密度，較大液滴可能具有更大終端速度，進而影響血跡型態外觀。
- 非線性路徑：若血跡位於出血源附近，且以較高速度行進，則線性路徑適合用於血跡重建，但因血滴軌跡會受重力和空氣阻力影響而以非線性路徑呈現，故若直接用線性軌跡估計血源區，通常會高估真實情形。

•血滴區分：一些看似相干的血滴集合不一定是由一種模式產生，多個差異甚大軌跡，亦會使血滴撞擊至相同位置，故從有限數量血跡型態進行解釋時須格外謹慎。

•粗糙度：血斑邊緣刺狀數量會受撞擊表面粗糙度影響，從而干擾對血滴速度、直徑、高度判斷，故需要發展出完整修正公式。

•相對運動影響：刑案現場當事人並不會完全靜止，加上血源區域不只一處或血源位置仍持續移動，均可能影響血跡重建精確度。

1 Newtonian fluid，指應力與應變率成正比的流體。此比例係數為流體的黏度。

2 Shear rate 指施加材料上剪應變的變化。

▲圖 8-8 變動現場血跡重建，須確認案發時物品位置。

▲圖 8-9 垂直滴落血跡，代表現場未有激烈打鬥情況。

9

校花妹妹淪援交，凶手竟是親哥哥

—— 新北市三重醃頭顱案，民國 101 年

在偵辦刑事案件的過程中，除了警方對案件被害者及嫌疑人的全方位調查、鑑識人員的現場仔細採證、法醫的解剖研判之外，為了要更了解案件的全貌、找出更多的證據及線索，有時候也會動用搜救犬或救難犬來協助辦案，找尋犯罪的蛛絲馬跡。

在民國一〇一年曾發生過一起驚世駭俗的醃頭顱案，案件開始突破的契機，就是新北警方鑑識人員從收到的匿名信，與死者二哥陳佳富的日常書寫筆跡進行初步比對，另外也運用新北市消防局訓練的三隻特種搜救犬，在死者住家中聞到多處血跡反應，讓現場鑑識人員有跡可循，找到更多凶嫌犯罪的證據。

鹽巴醃頭棄公廁

這起案件要從新北市三重警分局大同派出所，在民國一〇二年三月十五日接獲的一封匿名信件開始說起。信中用著非常特殊、重複描寫的字跡寫道：「警察好：陳婉婷的屍體在嘉義水上鄉農會旁兩百公尺的涼亭旁的男廁所裡面。請你好好安葬他，我沒錢葬他。謝謝你。好心人留」（見下頁圖9-1），派出所收到後，對信件內容半信半疑，難道這是有人惡作劇嗎？但是警方也不敢大意，立刻將信件傳真給嘉義縣水上警分局，請當地警方協助搜尋，來排除疑慮。

當天傍晚六點，嘉義警方在水上鄉「璿宿上天宮」旁的公廁，發現放置於馬桶水箱上的不明塑膠袋。但塑膠袋體積不大，警方原本以為，裡面可能只是惡作劇放著動物的屍體而已，沒想到員警一層又一層打開塑膠袋後，竟裝著一顆用食鹽醃漬的頭顱！還附上一張字條寫著「身份=三重陳婉婷」。

警方嚇了一跳，隨即封鎖現場進行調查。這顆頭顱被用大賣場塑膠袋、超商塑膠袋、飼料袋、外套、T-shirt、短褲、留有精液的女用內褲，嚴嚴實實的包裹七層。當警方拆到第三、四層時，就飄散出難聞的阿摩尼亞臭味，拆到最後，發現這顆頭顱被厚度大約一公分的鹽巴醃漬起來，第一時間無法判斷是男是女，而且頭顱的切面整齊，脖子的部分完全不留。這駭人的景象，連身經百戰的警察都毛骨悚然。

警方研判，把頭顱用鹽巴醃漬起來，可能是想讓頭顱更利於保存，或是想要破壞跡證，讓人無法判斷行凶時間。根據法醫表示，頭顱的切割傷口平整，也因為被鹽巴醃過、冰過，導致細胞改變，無法研判死亡時間；且奇怪的是，頭顱裡的血液流得十分乾淨，研判死者可能在死前就被放血，或是死後心跳完全停止時再放血。這些頭顱的處理方式，是否也顯示凶手可能從事廚師或屠宰專業的工作？

警方先從失蹤人口資

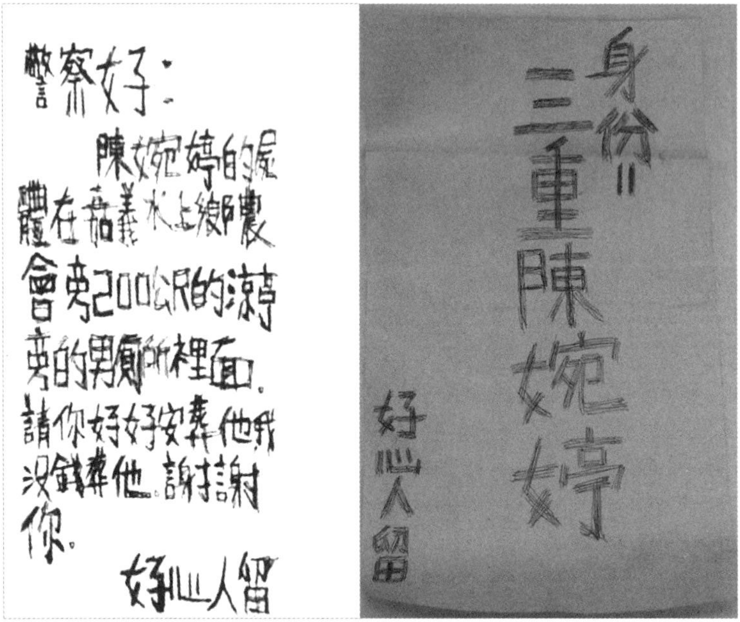

▲圖 9-1 醃頭顱案件於新北及嘉義出現之字條筆跡，其筆畫、字體結構、書寫方式均相同。

料當中，查詢這位叫做「陳婉婷」的人，發現全臺共有六十四位陳婉婷失蹤，經過濾後，鎖定新北三重一位年齡相仿的同名失蹤女子，趕緊聯繫家屬南下認屍。即便頭顱當時已乾皺，死者媽媽仍一眼就認出包裹頭顱的衣服是自己買給女兒的，另外死者上排缺牙特徵也跟女兒相符，難過的當場掩面痛哭。後續，經採集媽媽的DNA與頭顱做親子鑑定比對後，證實這個被鹽巴醃漬的頭顱，就是失蹤好幾個月的陳婉婷。

根據警方調查，陳家一共有五名兒女，陳婉婷排行第四，上有兩名哥哥、一個姊姊，下有一個弟弟。陳婉婷長相清秀，在學校時，被封為校花。十八歲就結婚生子，卻因丈夫外遇離婚，她受不了打擊一度開瓦斯輕生，雖然保住一命，但因為傷及腦部，造成精神狀態出現問題。

鄰居表示，陳婉婷時常濃妝豔抹，並且只穿著睡衣在附近閒晃。陳婉婷領有精神障礙的身心障礙手冊，也申請為低收入戶，沒有工作的她，每月可領政府補助約一萬兩千多元，並與三十七歲二哥陳佳富同住在三重中央南路公寓中，平時主要靠媽媽接濟。

但因陳婉婷的菸癮極大，為了買菸時不時跟鄰居要錢，或讓陌生男子「摸胸」換錢來買菸，也常以每次五百元的代價到賓館，或至家中進行性交易，讓同住的二哥陳佳富十分不滿。

為了調查陳婉婷被殺害的動機，在案發後，第一時間警方開始從她的人際交往關係來進行調查，也找來與她同住的二哥陳佳富來問訊，二哥一聽到妹妹的死訊，在警局表現出十分激動，下跪要警方找到殺害妹妹的凶手。警方隨即先從二哥陳佳富住處展開調查。

民國一〇二年三月十五日，新北警方鑑識人員先從收到的匿名信，與陳佳富的日常書寫筆跡進行初步比對，發現匿名信字跡「園」、「警」、「察」、「體」、「言」、「你」、「的」、「我」、「女」、「心」與標準字上相同字跡的布局、運筆方式、字體結構與筆畫特徵均相符。初步鑑定結果匿名信為陳佳富所寫。民國一〇二年三月十六日，刑事警察局鑑識科印文組以特徵比對法鑑定，發現新北市政府警察局送鑑信封、信紙上字跡；嘉義縣警察局送鑑紙張上字跡，與陳佳富字跡相符。鑑定結果證明匿名信為陳佳富所書寫。

挖化糞池、篩濾水肥找跡證

警方調閱陳婉婷住家附近監視器影像發現，陳佳富三月十三日凌晨騎著機車、提著兩個大型深色塑膠袋外出，而他騎車到臺北車站的途中，竟然還下車變裝戴上爆炸頭假髮與墨鏡，行跡十分可疑。再調閱陳佳富手機基地臺移動軌跡後發現，他在三月十三日也確實有到過嘉義的足跡，在在顯示二哥陳佳富涉有重嫌。

另外，檢警調查陳佳富曾受過保險業務員訓練，有保險背景，且從民國一〇一年起，陸續幫妹妹投保不合理的巨額保險。根據調查，在自助餐店擔任廚師的陳佳富收入普通，在民國一〇〇年經由同事介紹，準備迎娶中國籍劉姓配偶，為了籌措二十六萬元婚禮費用，也跟朋友借錢娶親。

因為缺錢，加上不滿妹妹在外賣淫，便利用過去曾當保險業務員的經驗，分別在民國一〇〇年十二月起，陸續以妹妹的名義，向兩家保險公司投保五張共計六百六十七萬元的壽險、意外險保單，企圖謀殺妹妹詐領理賠金。另外，陳佳富看妹妹領有政府的補助，自己也於民國一〇〇年底開始佯裝患有精神疾病，到精神科就診，獲得中度精神障礙之身心障礙手冊，並於民國一〇二年至三重區公所申請中低收入戶資格，來增加額外收入。

民國一〇一年十二月底，陳佳富結婚後接回中國籍妻子返臺同住，不過卻對妻子設下許多家規，包括不能自行開冰箱、不能隨意翻動家中物品，甚至直接把妹妹臥房上鎖。妻子多次詢問陳佳富怎麼沒有看到妹妹，卻沒有得到回應，讓她覺得非常奇怪。

不久後，妻子不敵好奇心驅使，打開冰箱驚見一顆女性頭顱！而且雙眼瞪大直望向她，嚇得她奪門而出。因為擔心被陳佳富滅口，在案發後以要回中國奔喪為由，買了單程機票倉促逃回中國，之後也向中國公安說明冰箱所見的一切。

至於案發的過程，根據警方研判，在民國一〇一年十二月九日清晨，陳佳富被電話吵醒，聽到妹妹又與男客邀約進行性交易，再度心生不滿，因此下手掐死妹妹。待陳佳富認定妹妹死亡時，在心跳尚未完全停止前，就用菜刀及小型利刃開始肢解並割下頭顱，後續再用多種方式企圖毀屍滅跡。

警方到兩兄妹同住的三重住處採證時，最初在現場除了筆跡外，並沒有找到殺人棄屍相關跡證，而陳佳富在警訊時一直不願回答任何問題，不是裝睡、就是傻笑。後來警方也安排陳佳富接受測謊，他在回答沒有殺害妹妹的說法時，呈現說謊反應，許多跡象都指向陳佳富涉案，但他始終矢口否認犯案。

警方調閱三重、嘉義兩地的監視器畫面，發現陳佳富可能在頭顱被發現的前二天，即民國一〇二年三月十三日凌晨四點半左右，將妹妹頭顱用她的內褲套頭，再用短褲、T恤、外套、飼料袋、超商塑膠袋、大賣場黑色塑膠袋包裹七層後，內附一張寫著妹妹姓名字條，再將整個袋子裝入深色大塑膠袋當中提走。之後隨即從臺北火車站搭火車南下嘉義，再坐公車到水上鄉，當天上午接近十一點，水上鄉案發公廁附近的監視器，也拍到陳佳富變裝後提著塑膠袋的身影，而且他曾在嘉義服兵役，具有地緣關係，因此推斷陳佳富特別選在嘉義，搭車南下棄置頭顱，隨後檢方向法院聲押獲准。

陳佳富為避免頭顱腐敗發臭，還利用當廚師的經驗，在割下妹妹頭顱後，先以深色上衣包裹，再於外層覆蓋一、兩公分厚的鹽巴，藉此延緩頭顱腐敗及發臭的速度。此外，他更將妹妹死前進行性交易時，沾有男子精液的內褲包在外層，以此故布疑陣，想誘導警方朝姦殺的方向來偵辦。不過早在案件偵辦初期，警方採集內褲上的精液檢驗後，也找到與陳婉婷進行性交易的計程車司機來問訊，因為司機有不在場證明，也沒有殺人的動機，所以早已排除涉案可能。

不過奇怪的是，除了頭顱外，檢警一直遍尋不著陳婉婷的軀幹。根據樓下彭姓鄰居向警方指稱，民國一〇一年十二月十日早上十點起床，進入浴室盥洗時，發現浴室排水口有異物堵住，不斷的冒出大量油膩的肉、內臟碎屑，就算踩住排水孔也不斷冒出，同時聽到樓上傳來馬達震動的怪聲，鄰居氣得到樓上按電鈴抗議，不過並沒有人應門。

鄰居一連清了兩、三盆肉和內臟碎屑後，再次到樓上敲門抗議，並喊說要報警！陳佳富在發現驚動鄰居後，故作鎮定的下樓詢問鄰居發生什麼事，彭姓鄰居叫他不要把廚餘絞肉往排水口倒，陳佳富卻否認不是他用的，並連忙問說要不要幫忙清理？鄰居表示已經大致清理完，因此拒絕他的幫忙。另陳佳富新婚的中國劉姓新娘於偵查中也證實：她有看過被告用黑色大塑膠袋，將之前開餐廳所留下的絞肉機裝起來，要拿去賣。

警方在案發之初，也請求刑事警察局鑑識中心派員支援，鑑識人員多次分組進入現場進行勘察採證，但是一直未發現任何蛛絲馬跡。所以警方懷疑，有沒有可能是陳佳富將屍體切割後，用絞肉機絞碎，再沖入馬桶藉此毀屍滅跡？因此，決定大舉開挖化糞池、篩濾水肥，逐一採證。

最後，也真的在化糞池中發現一些骨頭！不過可惜的是，經過鑑驗後證實，這些找到的全是動物骨頭，也沒有發現其他相關的跡證。後續，警方也在現場化糞池排水管道，及排出的淡水河下游處進行搜索，不過依然是無功而返。

搜救犬嗅到血，助破案

而在過濾十二月九日案發前後的監視器影像也發現，陳佳富在隔天十二月十日，手提兩大袋塑膠袋，騎著機車出門，不過在行經忠孝橋後，兩袋塑膠袋卻不翼而飛！研判可能是在橋上往下丟入淡水河中。因此，警方也在橋下的沙洲及河內派潛水員下水搜查。但從十二月案發至派人下水搜查，已有三個月時間，垃圾袋可能早已被河水沖走，到底袋子裡裝的是不是陳婉婷的其餘屍塊？或絞肉機等其他肢解器具或血衣？就不得而知了。

警方鑑識人員經過多次採證，仍然沒有重大的發現，因此特別請新北市消防局支援三隻搜救犬PUCA、MINI與MOKA，前往疑似案發現場支援搜尋跡證。

特搜大隊先將公寓分為五大區域，讓三隻搜救犬分別負責不同區域，再交換區域搜索、交叉確認，最後共有八處地點，三隻搜救犬反應有聯集，包括被害人臥房矮櫃、臥房衣櫃、廚房流理臺、廚房櫥櫃後方、客廳藤椅、客廳窗臺、電鍋內鍋、陽臺等，再由鑑識人員進行測試。經採證比對後，發現死者房間衣櫃下方，及進門右側踢腳板地面，發現有可疑斑跡與死者陳婉婷的ＤＮＡ吻合。後來鑑識人員也在電鍋內鍋及廚房內的一把菜刀，檢驗出死者陳婉婷的ＤＮＡ，所以研判凶手很可能是用電鍋內鍋盛裝過頭顱或屍塊，以及用菜刀作為分屍工具。原本警方在案發現場找不到任何有效的跡證，而讓案情陷入膠著，最後還是靠著搜救犬的靈敏嗅覺找到了血跡，連結犯罪現場，讓人不免感嘆「人不如狗」。

一般人做案都希望屍體不要被發現，或晚一點被發現，不過陳佳富卻特別希望妹妹的頭顱早點被找到，甚至寄信給警方，還在頭顱上附上紙條，期待有人發現後，他詐領保險金的計謀可以得逞，但急躁的結果反而自曝其短。

殊不知，警方的偵查伎倆技高一籌，利用監視器影像、手機定位來確認他從三重到嘉義的移動軌跡。雖然已有眾多證據顯示陳佳富就是殺害陳婉婷的凶手，不過他自始至終否認犯罪，甚至出庭時還說：「有外星人在我腦內植晶片，用雷射波要追殺我。」還曾在開庭時口吐白沫，假裝昏死過去。不過，法官將陳佳富二度送到臺大醫院做精神鑑定，報告卻指出他並沒有任何異常，承辦檢警懷疑他根本是裝瘋賣傻，想藉此逃過死刑。其獄友也透露，陳佳富在獄中表現都十分正常、毫無異狀。

本案陳佳富為被害人親二哥卻貪圖金錢，不惜利用妹妹身心障礙的弱點，萌生歹念，以如此凶殘行徑加以殘害，令人髮指、天地不容。而身為被害人與加害人母親的陳媽媽，在法庭上向法官求情說：「兩個都是我懷胎十月生出的孩子，雖然捨不得，但事情遇到了，還能怎麼辦？希望法官原諒阿富，給他一個機會。」並表示，陳佳富從小到大並沒有犯什麼大錯，對她也十分孝順，還會給零用錢等，希望法官能網開一面。

案經法院審理，嘉義地院認定陳佳富為詐領保險金謀害親妹，且犯案時精神狀態正常，考量他對母親相當孝順，判死等同再度剝奪陳媽媽子女，因此判處無期徒刑；民國一〇四年上訴最高法院遭到駁回，全案定讞。

在案發後，發現頭顱的嘉義水上鄉公廁封閉半年之久，而且不斷有靈異傳聞，附近民眾表示，有人在深夜時聽到公廁傳出淒慘的哭聲，也有人說看過白衣女子飄進公廁，甚至半夜聽到附近狗群「吹狗螺」，都覺得毛毛的。

繪聲繪影的靈異傳聞，也讓廟方備感困擾，加上原本的廁所已十分老舊，所以決定乾脆拆除，並移動幾公尺重建。配合景觀設計重蓋後，公廁外觀採原木造型、十分新穎，但附近居民坦言，還是會怕怕的，盡量避免晚上去使用廁所，也讓離奇的醃頭顱奇案，更增添神祕色彩……。

臺灣超級大案鑑識現場

字裡行間的蛛絲馬跡

圖、文／曾春僑副教授

筆跡是文字書寫者個人表現行為的一種，且具有某種固有特徵，故鑑定前應先觀察待鑑與標準文件內下述特徵：

一、**穩定性**：即反覆出現在個人書寫字跡中的特徵，亦稱為再現性。

二、**個人差**：人與人間所顯現的書寫特徵差異。

三、**稀少性**：於人口分布中所占比例較少之書寫特徵，亦稱為特異性。

特徵檢查

特徵檢視時須先檢視文件特徵，有許多檢查方式，可以針對整份文件做分析，也可以針對單一文字做細部數據分析，再用統計法比較差易，但總結以下述兩大方向為前提：

一、質的檢查：如字體結構、筆畫型態及筆順等。

二、量的檢查：筆畫相互間角度、長度比和間隔、文字整體或偏旁等部分長寬比，以及部分筆畫相互間位置的關係等，經由目測和計測的結果，以數值呈現及處理。

當刑案現場部分文書證物已經遭到毀損時，若要了解原本文件內容，或字跡比對，就須先對文件內容做恢復與重建，以下說明常見狀

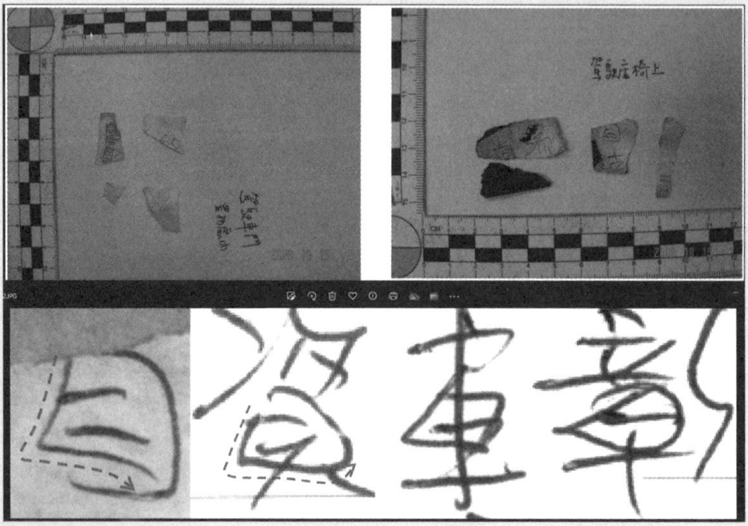

▲圖 9-2 疑似保險詐欺案件的紙張碎片上殘留的文字比對。

況與回復設備：

一、擦拭痕跡：為隱藏文件上原本字跡而以各種方法去除，須先了解可能擦拭方法後，再選擇適用重建方法。

・物理擦拭：以類似橡皮擦工具刮擦去除。鉛筆內含石墨粉，可透過摩擦將石墨粉混合在橡皮擦屑中移除字跡，由於字跡處紙張受力較大，凹陷程度不同，因此可將粉末撒在可疑區域，粉末較會附著在被擦拭過的區塊，藉由附著力差異及各種光源增顯原始字跡。而擦擦筆之墨水內含微膠囊，其可將染料、顯色劑和變色溫度調整劑包覆其中，摩擦時生熱，各分子交互作用而使墨水隱形，此類文件會先用冷凍法還原。

・化學脫色：利用酸性氧化溶液將染料脫色，並使墨水中的鐵鹽離子溶解。部分筆跡在紫外光下觀察，會呈現螢光變化，因此可拼湊出原本筆跡。

二、變造：常見有添加和移除兩種情形。通常用肉眼或放大鏡即可辨別出來；有時還可利用紅外線或紫外光攝影顯現這樣的變造。若當事人使用顏色相近，但不同廠牌型號的書寫工具添加時，因其染料配方不同，在不同波長下即可見到顯

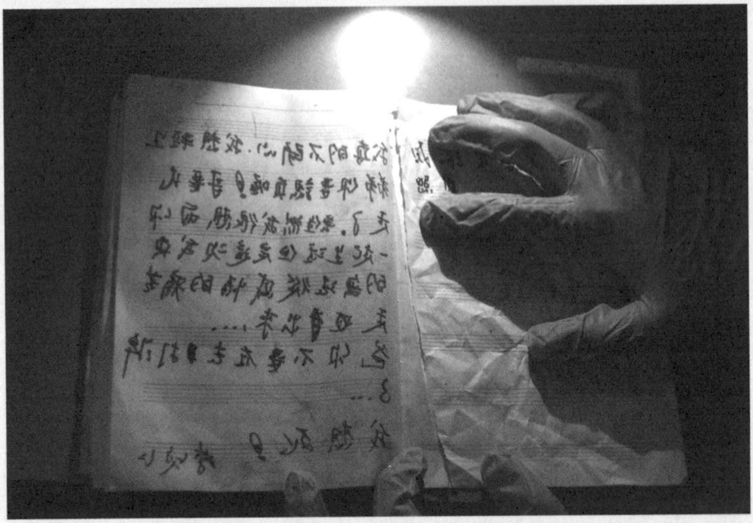

▲圖 9-3 文件來源比對，亦為重建重要工作之一。

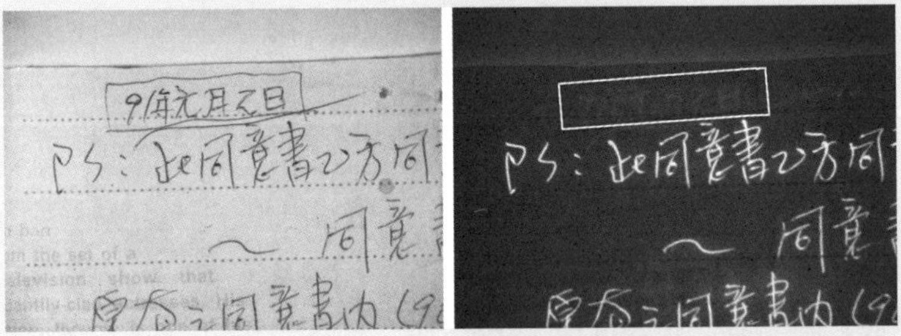

▲圖 9-4 多波域光源下可看見「91 年元月 2 日」，墨水成分與其他文字不同。

示差異（見右頁圖9-4）；若使用相同工具，因書寫時間不同，亦可能因為染料老化退色狀況不同而見差異；若書寫時間相同，但添筆者不同，因筆壓、順序會有不同，因此由顫抖、遲疑等不連續痕跡亦可判斷。

三、壓痕字跡：在一疊紙張上書寫後，取走最上方原始文件後，因書寫壓力，部分筆跡會轉印至下方紙張上。

‧斜光照射法：以強光或冷光燈源朝紙面五至十度角照射，光線投射於壓痕字跡上產生陰影而顯現字跡；壓痕凹陷較深時，顯現效果較好。一般而言，趨近平行於壓痕字跡且具有寬廣、均勻性的線性光源，在光線微弱環境或暗室下，可獲得包括筆壓輕重，及筆畫交錯的最佳顯現效果。

‧螢光粉末法：將螢光粉末噴撒在可疑的紙張表面上，這些粉末會聚集在凹陷處，再以紫外光檢視。

‧以靜電壓痕偵測儀（ESDA）來顯現壓痕字跡。

四、燒毀文件：燒毀之紙張會碳化而反射紅外線，因此利用紅外線攝影可觀察到紙張上之原始字跡。

常用鑑識設備

文件鑑識設備功能著重於字跡顯現與差異性呈現。為避免破壞原有文件型態，目前多以物理檢測法為主，亦即透過壓力檢測與不同波長光源完成。

一、靜電壓痕偵測儀（electrostatic detection apparatus，ESDA）。

原理：文件因書寫筆尖壓力，改變紙張壓痕處介電性質，凹陷處易蓄積電荷而吸附碳粉粒。因係透過碳粉堆積而成，故屬於整體性完整顯現，無法觀察到筆壓輕重或筆畫交錯之差異。

使用方式：先將文件置於平臺上，打開真空吸附開關吸附文件，覆上透明膠膜後，持高壓電暈器以S形方式來回掃描，筆跡壓痕處會持續蓄積電荷，再噴灑碳粉粒，使其聚集於電荷蓄積處而顯現（見左頁圖9-6）。

顯現品質影響因素：若使用碳刷墊協助顯現，背景干擾較多，刷抹均勻程度不佳時，字跡紋線可能較為濃密、不均，若搭配指定之商業化顯像珠，可降低背景干擾，並使字跡紋線較為清晰、細膩。另文件潮溼程度會關係到成像品質，若

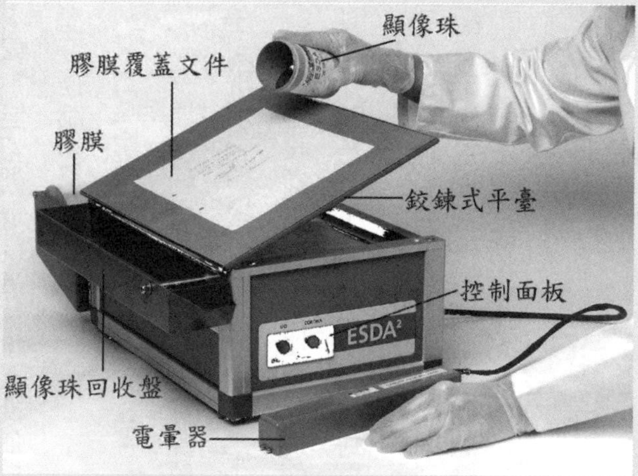

▲圖 9-5 靜電壓痕偵測設備。適合應用於書寫文件下方墊紙之筆跡壓痕顯現。

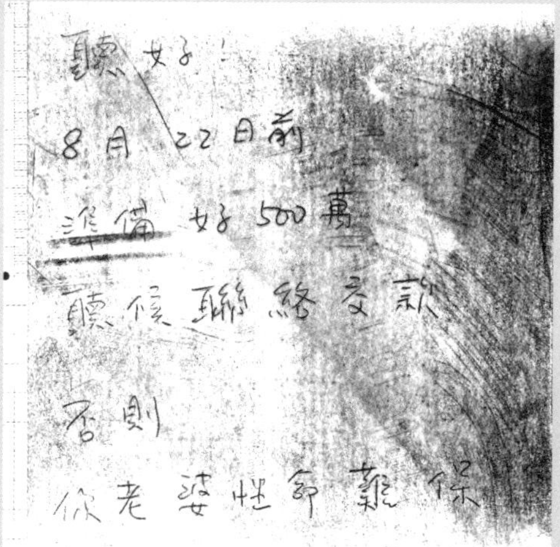

▲圖 9-6 以顯像珠重現之靜電壓痕筆跡。

文件太乾燥，將顯現黑色條紋圖案，環境相對溼度小於六〇%時，則須進行增溼步驟，但若紙張含水量超過紙張重量六%時，又不利字跡顯現，因此操作時對於溼度控制須格外謹慎。

二、影像光譜比對儀（video spectral comparator，VSC）。

原理：利用不同波長光線照射文件，形成反射、穿透、吸收、螢光等現象，達到辨別、顯現、確認樣品上墨水及各種紋痕。

儀器設備：商業化比對儀目前可提供約六十種波段光源，儀器可對欲觀察範圍進行聚光增加照射強度，達到小範圍內類似氬離子雷射效果，儀器有外罩隔絕外部光源干擾；使用時，可選擇反射或穿透光源方式照射物體，不同光線波長搭配特定濾色片，再透過矽二極體攝影機將光線轉換為影像，亦可配合特定軟體，如Photoshop進行觀察及數位處理。

使用時機：在刑事實驗室中，常用來辨別偽造的旅行證件、有價證券、鈔票（見左頁圖9-7）、身分證件；也可用來辨別不同的墨水修正、塗改後的筆跡或印刷內容、或燒毀文件字跡圖案顯現、字跡消退的文件（見左頁圖9-8），如傳真紙

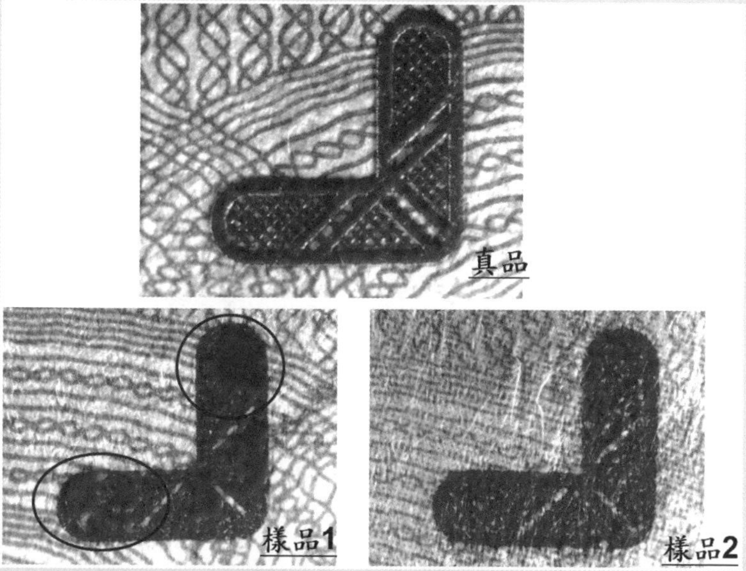

▲圖 9-7 斜角度光源下之人民幣盲人點，樣品 1 及 2 均為偽造。

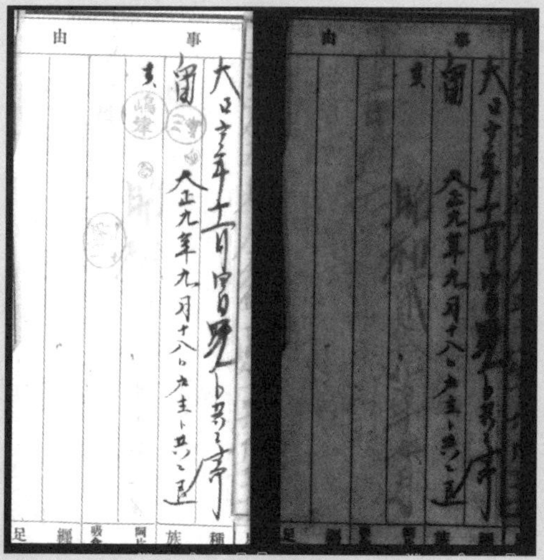

◀圖 9-8 退色之日治時代戶口名簿（左），以多波域光源觀察結果（右）。

或老舊文件等均可使用此儀器判斷；另因其具有不同角度光源設定，故可用來檢視壓痕、凹陷、凸紋等，特別是懷疑文件上鋼印或浮水印可能變造時，可用此設備協助分析。

文書鑑定常與許多經濟犯罪、遺囑判定與商業爭端有關，牽涉金額龐大，對一個家庭未來，或國家金融秩序穩定均可能產生重大影響，藉由各類儀器與人員經驗輔助，方能讓真相重現。

10

撈遍全球盜百億，在臺踢鐵板

——一銀 ATM 盜領案，民國 105 年

俄國是歐亞國家中對世界影響最鉅的國家，俄國駭客的能力在世界上也是數一數二，就連美國著名的「電郵門」[1]（Emailgate）事件，也是俄國駭客所披露。

俄國駭客也曾犯下多起金融和資安案件，據傳俄國駭客曾於二〇〇九年時藉由電腦安全漏洞駭進花旗銀行，盜取數千萬美元。雖然花旗銀行否認一切損失，但有花旗客戶反應自己的帳戶遭駭，被盜領了一百多萬美元。

二〇一三年時，一個由俄國駭客成立的跨國犯罪組織開始橫行全球，他們利用本來用作模擬駭客攻擊的滲透測試軟體「Cobalt Strike」來客製化惡意程式，並入侵銀行系統。該集團足跡橫跨歐亞，受害國家超過四十個，且有上百家金融機構遭駭，他們的不法所得高達新臺幣三百六十億元！

而該集團繼盜領美國與歐洲等多國銀行的自動櫃員機後，竟也將觸角伸向亞洲，他們準備給臺灣的資安人員一場震撼教育……。

在民國一〇五年七月的第二個週末，警方特別忙碌，因為正好遇上當年第一個強颱尼伯特颱風，在東部與南部造成巨大損失，也是臺東繼民國五十四年的黛納颱風後最嚴重的風災。而在北部的警方也沒閒著，除了要為處理地區災情而嚴陣以待外，還須處理突如其來的「臺鐵爆炸案」[2]。雖然警方很快的於案發隔天掌握林姓乘客涉案嫌疑，也以為終於可以暫時解除緊繃狀態，沒想到未隔幾日，卻又發生一件令警方疲於奔命的國際大案。

臺灣首例，ATM遭駭客入侵盜領

在七月十日晚上八點左右，一對夫妻如往常般前往第一銀行位於臺北大安區的古亭分行提款，沒想到他們卻見到不可思議的景象——自動櫃員機竟源源不斷的吐鈔，而從吐鈔口拿走現鈔的還是兩名外國人。他們看起來神色慌張，並以帽

1 希拉蕊（Hillary Clinton）在擔任美國國務卿期間（二〇〇九年至二〇一三年）使用她的私人電子郵件伺服器進行官方通訊，而這些官方通訊包括上千封後來被國務院歸類為國家機密的電子郵件。

2 當時臺鐵一二五八次北上區間電聯車，於七月七日晚間即將進入松山站時發生爆炸，造成二十五人受傷。

子與口罩遮掩長相，而後疑似因作賊心虛，離開時，還遺留六萬元在吐鈔口，這也讓這對夫妻深感怪異而報警。

經警方向第一銀行查詢後，銀行人員本以為只是自動櫃員機故障，沒想到當警方查看該自動櫃員機的監視器影像時，卻驚覺事情不如想像中單純——這兩名外國人在提領現鈔時，竟完全不需提款卡，也不用輸入密碼，即如同變魔術般，讓自動櫃員機源源不絕的吐鈔給他們！這種盜領方式也是警方第一次見到。在短短的七月十日與十一日兩天時間內，全臺第一銀行竟有二十二家分行，共四十一臺自動櫃員機遭盜領，總計金額高達八千三百二十七萬七千六百元！

後續也有其他民眾向警方報案，其中一位民眾於七月十一日凌晨兩點左右，在臺北公館分行目擊到一位外國車手，鬼鬼祟祟的用自動櫃員機提領現鈔，遂上前質問，並與車手拉扯起來。車手逃逸時，還不小心掉落一張金融卡，所駕駛的車輛車牌號碼被機警民眾記下。警方才能藉由金融卡上浮刻的本名，及車牌號碼查到車手身分。

該名車手是俄國籍的貝瑞左夫斯基（Berezovskiy Sergey），他曾與同夥柏克曼（Berkman Vladimir）在桃園機場附近租車，兩人先前往第一銀行位於臺中的分行盜領，再於隔日轉往臺北的分行盜領。警方本想循線逮人，卻還是晚了一步，貝瑞左夫斯基與柏克曼早已於七月十一日早上搭機出境。警方雖趕緊申請拘票，並請國際刑警組織協助，而俄國警方也在兩名嫌犯入境時，將之攔截，但因未從他們身上搜到贓款，也因臺俄並無邦交，因此俄國警方最終只能將兩人釋放。

分工細，分批取款逃

然而，臺灣警方發現該盜領集團的車手，幾乎都是在入境臺灣的兩日內做案，並在第三天離境，包括曾於古亭分行遭民眾目擊盜領現金的兩位俄國籍車手曼紐肯（Manukian Gaik）與艾迪恩（Adiian Kamo），也與其他外籍車手一樣，皆在七月十一日前即潛逃出境。這也使警方意識到該集團犯罪模式極具組織性縝密規畫，且對警方的行動掌握正確，應對迅速，使警方初期在追捕嫌犯時總是措手不及。

幸好透過機場掃描行李的X光機影像，讓警方燃起一線希望，因為他們在查看貝瑞左夫斯基與柏克曼的行李箱X光影像時，發現兩名車手並未將贓款攜帶出境，這也代表他們應曾在離境前將贓款交給與之接頭的人，該筆巨款很有可能還在臺灣！

果不其然，警方於七月十二日詢問貝瑞左夫斯基與柏克曼曾入住的台北君悅酒店後，得知兩人並未退房，還在十一日離境的當日，請託飯店櫃檯人員將房卡留給同日入住的友人。警方研判兩名俄籍車手在離境前，便是將贓款留在飯店房間內，再由接續入住的友人處理款項，而這個人極有可能就是集團中處理車手贓款的洗錢手，他也成為警方能否追回贓款的關鍵。但當警方想追查下去時，卻發現該名拉脫維亞籍的洗錢手安德魯（Peregudovs Andrejs），已於十二日下午兩點多退房，並坐計程車離開了！

警方查到安德魯先是坐到臺北車站西三門，而後又往計程車招呼站的方向走，但因他離開的方向正巧在監視器的死角，因而未能拍到安德魯最終去向。來往臺北車站的計程車數量眾多，若清查全部計程車，將需耗費不少時間。就在警方苦思之際，車站附近來來往往的公車讓他們靈光一現，在警方調閱行經臺北車站西三門附近的公車行車攝錄影機，竟真的讓他們找到安德魯離去的身影，也確認安德魯上了一臺計程車！

雖然無法辨識該輛計程車的車牌，但警方也憑藉計程車特徵，成功找到當初載安德魯的計程車司機，並透過該輛計程車導航系統上的定位紀錄，查出安德魯的下車地點是在中山區的民生東路一段，安德魯也在該處的一間民宿下榻。當警方在七月十五日進入套房內，準備逮捕他時，卻發現房間內早已不見他的人影！

套房內還散亂的擺著一些安德魯的個人用品與吃剩的食物，行李也未打包，且他預訂的住宿時間是從七月十二日至七月十九日。從警方進入套房調查的日期算起，離安德魯正常的退房時間尚有四天，這讓專案小組懷抱一絲希望，因為這也代表安德魯還有可能會返回此處。警方因而兵分兩路，一部分的警員埋伏在民宿外，監視著附近的一舉一動，另一部分的警員則負責調閱監視器影像，藉此找出安德魯近幾日的動向。

專案小組發現安德魯下榻民宿後，曾進出民宿數次，他還曾在七月十三日的凌晨五點，將疑似裝運贓款的黑色行李箱與電腦包帶出門，當他過了數小時返回套房時，這兩件行李皆已不在他的手上。但安德魯返回民宿後，也未逗留太久，於同日早上九點再次出門。警方為了摸清安德魯去向，便調閱了附近監視器，從而找到凌晨載他返回民宿的計程車司機。

該名司機表示，自己當時是在德明財經科技大學校門外載到安德魯。專案小組調閱了沿途的監視器，竟發現安德魯常往小巷子鑽，然後在西湖公園登山口的附近便不見蹤影，警方因而研判，或許此處是安德魯藏匿贓款的地點，但警方一開始也未找到確切的藏匿位置。

而此時警察又在監視器影像中發現，安德魯竟在同日上午大約十點半左右，坐上前往宜蘭的計程車，還將他的手機關機，這也讓警方開始緊張，不僅是因宜蘭路邊的監視器不如臺北多，警方也深怕他們好不容易掌握到的嫌犯線索，就要這樣斷了。

但第一銀行被盜領的八千多萬元，真的全都由安德魯一人負責處理嗎？這對藏於幕後的集團首腦而言，是否風險過大？循著此番疑惑，警方試圖釐清其他車手的盜領路線，並在調閱大量的監視器影像後發現，除了安德魯以外，尚有一名俄國籍車手頭巴比（Babii Evgenii），也負責接收其他車手盜領的現金。但他已於七月十三日搭機離境，在他離開前，曾分別在七月十二日與十三日，將三個行李箱存放在臺北車站地下一樓東出口前的置物櫃內。

警方見巴比並未將行李箱帶走，本以為終於有機會追回部分贓款，但沒想到當他們趕到臺北車站的置物櫃一看，竟發現該置物櫃早已空空如也。當警方調閱七月十六日的監視器影像時，才發現存放贓款的行李箱，已被另兩名外籍洗錢手從置物櫃取走！

這種傳遞情報的方式，在諜報情蒐的領域被稱為「死轉手」（dead drop），也常被運用在諜報類或動作類的影視作品中。「死轉手」意為提供情報者先將情資放在某個祕密約定地點，再由情報需求者將情資取走，但在過程中，雙方互不見面，也無從得知對方為何許人。此種方式的好處是，當其中一人被逮捕或遭到威脅，他們也無法供出另一人的身分，也能避免遭有心人士順藤摸瓜後，敗露組織行蹤。

這也讓專案小組再次體認到該國際盜領集團老練的犯罪手法，使警方的行動往往比嫌犯慢了一步，如今不僅逃逸至宜蘭的安德魯已不見蹤影，連取走贓款行李箱的兩名洗錢手也因無從得知姓名，讓追查更加困難。未料就在警方一籌莫展之際，三名盜領集團成員竟在意想不到之處遭到逮捕。

一盤糖醋魚、兩客牛排，神鬼盜栽了

兩名取走裝載贓款行李箱的洗錢手，因所戴的棒球帽特徵顯眼，在入住的維多麗亞酒店的牛排館品嚐牛排時，遭一位休假的派出所所長眼尖認出而被逮捕。而躲藏至宜蘭東澳的安德魯，也在海鮮餐廳品嚐糖醋魚時，被休假出遊的臺北市警局公關室警務正宋俊良，藉由比對安德魯被刊在協尋專刊上的照片，與其本人臉上痣的位置而確認其身分，請附近派出所警員將其逮捕。或許真的是賊星該敗，使這三名盜領集團成員的境遇竟如此相似，最後都在七月十七日大啖美食時，栽在休假警察的手上！

在警方偵訊安德魯時，他也承認十三日凌晨五點去西湖公園，是為藏匿贓款。

而他之所以會在當天早上九點第二度前往西湖公園，是因為他須回傳該地點的座標定位給集團，但第一次發送失敗，所以，他才再次返回西湖公園。

因擔心行蹤敗露，安德魯便在集團指示下，前往宜蘭避風頭，該集團也派人將一支新手機，放在烏石港的消波塊中，讓安德魯能以新手機與他們聯繫。

檢警也查出該集團本欲利用地下匯兌的方式，將贓款匯往香港或莫斯科等地後再提領，但因手續費須被抽一五％，雙方無法達成共識，因此集團內部才未立刻指示安德魯等人下一步動作。沒想到就在安德魯等待指令期間，即遭警察認出而被逮捕，進而阻止了他們洗錢的行動。

而自北車置物櫃取走裝運贓款行李箱的洗錢手，是來自羅馬尼亞的米海爾（Colibaba Mihail）與來自摩爾多瓦的潘可夫（Pencov Nicolae），專案小組也在兩人飯店房間搜出多達六千零二十四萬多元的贓款，使士氣大為振奮。

警方也依循安德魯所提供的路線，在公園登山口旁的草叢中，搜出一袋被裝在黑色行李袋中的贓款。警方本以為終於能將被盜領的八千三百多萬元全數找回，沒想到卻只在西湖公園草叢中找回約一千兩百六十三萬元，就算加上從米海爾和潘可夫房間搜出的六千多萬元，依然還有一千多萬元不知去向。

直到一位聲稱在西湖公園撿到贓款的柯姓男子於二十日出面投案，並歸還了他所撿到，裝在電腦包中的四百五十多萬元贓款，才讓第一銀行被盜領的損失低於千萬元，但查獲的款項總計還是只有七千七百四十八萬多元，依然約有五百七十三萬元的贓款下落不明。

安德魯雖聲稱自己是因欠債，而受到黑手黨以他的妻小性命來威脅，才鋌而走險。但檢察官卻認為，安德魯與其妻在通訊軟體的對話紀錄上，並未見安德魯叮囑其妻注意安全的字句，甚至還曾請她向盜領集團的人傳話。從種種對話中，都無法顯示安德魯家人遭受集團威脅，且安德魯等人雖聲稱自己僅是來臺替朋友搬運物品，並非國際犯罪集團成員。但檢察官認為若三人非身居組織要職，該集團怎會放心讓三人處理巨額贓款？

檢察官因而對三名主嫌各求刑十二年，一審法院雖依無故取得、刪除或變更他人電腦，或其相關設備的電磁紀錄等罪，判決安德魯等三人均須服刑五年。除了沒收全數贓款外，也併科每人六十萬元的罰金。但於二審時，高等法院因審酌三人於犯後坦承搬運贓物的行為，而改判潘可夫、米海爾和安德魯處以四年六個月至四年十個月不等的刑期，及併科三十萬元到五十萬元的罰金。雖檢方、安德魯和米海爾皆因不服判決而提起上訴，但依然在民國一〇六年八月被最高法院駁回上訴，全案定讞。

三位主嫌在入監服刑後，也因假釋申請屢次遭法務部駁回，他們最後只能分別於民國一〇九年與民國一一〇年服滿刑期後才能出獄，而後也在警員護送下被驅逐出境。

病毒如何遠渡重洋？

但這些外籍車手到底是如何在不插入金融卡，也未輸入密碼的情況下，像變魔術般，源源不絕的從吐鈔口取走現金？該國際犯罪組織到底又是如何駭進當時已取得 ISO 27001 和 ISO 20000 雙認證，且採用相對安全的 SNA 封閉網路系統，而被視為業界模範生的第一銀行系統？這些難解疑問使金融界人心惶惶，即使三名洗錢主嫌已被逮捕歸案，但假使無法釐清幕後首腦駭入銀行自動櫃員機的方式，相同情況依然可能再次發生。

因此，當警方於民國一〇五年全力追緝做案歹徒時，另一頭的調查局資安鑑識實驗室也緊鑼密鼓的分析駭客的犯罪手法。他們發現在七月九日時，第一銀行的自動櫃員機內網系統出現異常的連線紀錄，而這些連線紀錄皆是來自海外倫敦分行的電話錄音伺服器。但倫敦分行沒有自動櫃員機相關業務，因此不應該會連回臺灣的自動櫃員機系統，調查局人員因而研判倫敦分行，即是第一銀行被駭客入侵的端點。

在調查局深入調查後，終於分析研究出該盜領集團所使用的犯罪手法。原來該集團駭客最初是透過魚叉式釣魚郵件[3]，誘騙倫敦分行行員點擊連結。點擊後，木馬程式即被植入該行員的個人電腦中。當該行員以中毒的個人電腦登入公司內部電話錄音系統，這臺不起眼的錄音系統伺服器便成為病毒的潛伏基地，電腦病毒便可以錄音系統作為跳板，入侵銀行系統，並在系統中四處流竄。

該集團駭客在蒐集了自動櫃員機網路ＩＰ與實體的對應位置，並取得系統管理員的密碼後，先是透過伺服器，派送一個能夠開啟遠端連線服務的DMS[4]更新包。而後當自動櫃員機系統重新開機並更新時，駭客便能遠端控制該臺自動櫃員機，並派送用來控制機器吐鈔的惡意程式「cngdisp.exe」與「cngdisp_new.exe」，以及能夠顯示該自動櫃員機受駭資訊的程式「cnginfo.exe」，還有一個能執行微軟內建刪除程式「sdelete.exe」的批次檔「cleanup.bat」。

當一切就緒後，駭客只需在集團車手前往某一分行的自動櫃員機取鈔時，先以「cnginfo.exe」開啟吐鈔口。在車手回報狀況並確認吐鈔口開啟後，駭客便會遠端執行可選擇吐鈔面額與張數的吐鈔程式「cngdisp.exe」與「cngdisp_new.exe」，每次吐鈔六十張，使車手得以在不做任何操作的情況下直接拿走現金。

3 作者注：相較於許多詐騙郵件，魚叉式釣魚郵件只針對單一特定目標，因此對收件者而言更具說服力，而不會認為是病毒或垃圾郵件。

4 Document Management System，文件管理系統。可讓你從各種來源截取不同類型的文件（例如電子郵件、線上表單和共享的數位檔案），並將其儲存在安全且易於存取的位置。

在取完現鈔後，駭客就會以批次檔「cleanup.bat」來啟動微軟內建的刪除程式「sdelete.exe」，藉此刪除該集團所植入的惡意程式與 Log 紀錄檔。而這也是調查局初期分析時遇到瓶頸之處，因為他們在系統中根本找不到任何惡意程式！直到他們分析到其中一臺自動櫃員機系統，因「sdelete.exe」在執行銷毀程序時失敗，調查局才得以解開謎團，否則可能也無法如此快速的查出惡意程式。這也說明該集團幕後駭客首腦心思縝密，竟為隱匿犯罪痕跡而設計了自毀程式。

經過調查局一臺一臺測試後，他們也發現，除了被該集團成功駭進系統的四十一臺自動櫃員機外，尚有三臺也被植入惡意程式，但因這三臺自動櫃員機系統尚未重新開機，而未能套用駭客所派送的更新包，才能躲過一劫，減少損失。

雖然最終未能追回全數贓款，但檢警的表現依然令國際社會感到震驚，因為有幾個國家的提款機也被該集團駭入，損失慘重，卻一籌莫展，無法破案——而臺灣檢警竟能在短短的一週內逮捕洗錢主嫌，且追回超過九成被盜領的現金，這也是國際上首次偵破大型的跨國集團盜領案！

車手八國聯軍，十九人被通緝

歐洲警察組織（Europol）對此刮目相看，因為他們為了逮捕該駭客集團耗費大量心力，還成立代號為「Operation TAIEX」的行動專案，並將該駭客集團命名為「Cobalt」。歐洲警方沒想到，最後這個大名鼎鼎的駭客集團竟會栽在臺灣！

歐警總部因而主動邀請臺灣刑事局加入該專案，刑事局也兩度派員至歐警總部交換情資，並設立聯絡據點，做足「刑事外交」，且因本案而與多個國際組織合作，包括美國聯邦調查局（FBI）、白俄國、羅馬尼亞、摩爾多瓦、西班牙國家警署等，而羅馬尼亞與泰國警方甚至還派員來臺取經。

在警方焦頭爛額的追捕嫌犯時，可能萬萬沒想到，本案不僅促使臺灣與國際間的刑警組織展開緊密的司法互助行動，也讓臺灣警方的辦案能力備受國際肯定。雖然二十二名涉案嫌犯來自八個不同國家，堪稱現代版的「八國聯軍」，但假如臺灣能與國際組織通力合作，即使他們逃往世界各地，未來仍有擒獲可能。

檢察官也對逃亡出境的十九名外籍車手發布通緝，並查出最後不翼而飛的五百七十九萬多元，很可能是遭這些逃逸出境的車手以小額方式分批擄出。檢察官因而透過刑事局，請歐警總部發布共享嫌犯行蹤與做案手法的「紫色通報」[5]，也讓「車手頭」巴比終於在一銀盜領案的同年十月於俄國落網，並遭俄國法院判刑十一年。民國一〇五年至民國一〇七年之間，其餘三名車手也被逮捕，包括曾於公館分行盜領的車手柏克曼，也於民國一〇七年入境美國佛羅里達機場時遭到逮捕，並由美國海關及邊境保護局（CBP）將其遣返俄國。

刑事局也從主嫌米海爾的手機雲端郵件中，查到一封關鍵來信，該封信指示米海爾後續該如何洗錢，信件署名是「Denys Katan」（中譯音：丹尼斯．卡丹，原烏克蘭的英文名為 Denis Katana）。原來這名取得烏克蘭國籍的俄國人丹尼斯，是盜領集團「Cobalt」幕後操控一切的超級駭客，刑事局將該情資提供給歐洲刑警組織，讓他們得以掌握丹尼斯涉案的關鍵證據。

皇天不負苦心人，在調查局與檢警單位經歷二十個月的辛苦追查，並與國際警方大力合作後，「Cobalt」主嫌丹尼斯終於在民國一〇七年三月被西班牙警方逮捕，也讓各國刑警振奮不已！丹尼斯落網後，也坦承自己犯下第一銀行盜領案，並承認自己曾指示巴比將贓款置於臺北車站置物櫃，但因該集團也曾盜領西班牙的銀行，丹尼斯因而會被留在西班牙受審，臺灣警方則藉此確認未有臺灣人加入該盜領集團。

在盜領事件爆發後，也出現了一些檢討的聲音，有資安專家認為第一銀行自動櫃員機的網路與公司內部辦公網路並未有效隔離，且以往多以為銀行假如採用封閉的網路系統，就不容易導致類似的盜領事件，因此導致第一銀行警覺性降低。而此次入侵自動櫃員機的程式在經調查局鑑識後，才被認定為惡意程式，因而未被第一銀行所安裝的防毒軟體所攔截，防毒軟體頂多只會將其判定為具特殊功能的執行檔，難以辨認其為惡意程式。所以，當自動櫃員機出現異常的提領狀況時，未出現任何警示，才讓第一銀行無法及時止損，使盜領金額越滾越大。

金管會也認為第一銀行在被盜領後反應過慢，且在自動櫃員機出現異常交易

---

5 Purple Notice，國際刑警組織發布的通報，分成：紅色、藍色、綠色、黃色、黑色、橘色、紫色、國際刑警組織與聯合國安理會之特別通報等八種，其中紫色通報是指提供罪犯之犯罪手法、程序、犯罪目標或罪犯藏身地等資訊。

狀況時，並未即時監控並妥善處理，因而在案發後重罰一千萬元，並暫停其自動櫃員機的無卡提款業務。

第一銀行在痛定思痛下，於案發同年成立「數位安全處」，強化公司資安，並於民國一〇九年時，耗資千萬導入「虛擬隔離上網」，成為臺灣第一家採用該做法的金融業者。當員工在公司連接外網時，系統所安裝的虛擬上網軟體，便會替用戶代播瀏覽器或應用程式等軟體的使用畫面，藉此隔離公眾外網與公司內網。即使員工個人電子設備被植入惡意程式，也因外網和內網無法互通，而能有效避免公司電腦再次被駭客遠端遙控或遭病毒感染。沒想到現代版的「八國聯軍」已不是槍砲互射，而是程式對決，廝殺的戰場也從實體的現實世界，換成虛擬的網路世界，雖已不見刀光劍影，卻還是會痛如刀割，損失慘重。

幸運的是，臺灣警方秉持著戮力不懈的辦案精神來追捕嫌犯，不放過任何蛛絲馬跡。再加上，我們街頭的監視器到處密布，使得歹徒的行動無所遁形。而在本案中，最初目睹盜領案件而報案的民眾也功不可沒，所以有時，或許只是一點點的「雞婆」精神，看到有異常狀況就報警，也能成為警方破案莫大的助力。

臺灣超級大案鑑識現場

凡走過必留下痕跡，數位證據鑑識

圖、文／曾春僑副教授

電腦具有傳播速度快、隱藏性高與影響範圍大等特性，許多犯罪資料均會儲存於電腦中，故偵辦案件常需針對各種數位設備進行保存、識別、抽取、記錄、解讀及分析等工作，這些均屬於數位鑑識範疇。

常見使用電腦犯罪的態樣，主要可分為三類，包括一、以電腦作為通訊工具，如販賣毒品與槍枝等；二、以電腦為儲存設備，如散播偷拍影片等；三、以電腦為犯罪標的，如入侵電腦進行恐嚇取財行為等。

因此對電磁檔案進行分析並轉成有用資訊，係數位鑑識目標，以下簡述幾種執法單位常用的數位鑑識步驟與程序。

行動裝置資料擷取方式

行動通訊裝置內各類資訊與持用人日常活動密切相關，故分析時亦針對此方向，如各類通訊軟體（LINE、WeChat……）、上網紀錄或生活軌跡等。

一、**實體擷取**：可完整擷取內部記憶體資料，不需要做越獄（jailbreak）或提取（root）[6]程序，將刪除資料還原。

二、**檔案系統擷取**：可擷取包含App資料庫、系統檔案及LOG檔案，將刪除資料還原。

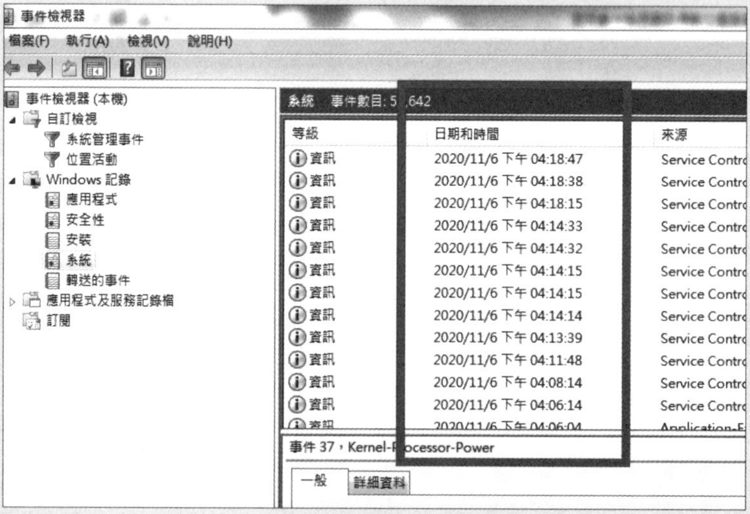

▲圖 10-1 由 Windows 的事件檢視器可了解使用紀錄，若有他人未獲同意而使用，由此也可看出。

三、**邏輯擷取**：利用應用程式介面（API）從手機的作業系統擷取資料，亦即將目前已配置的空間（Allocated Space）上檔案全部萃取出來，可得到使用者基本資料、通話紀錄、簡訊、圖片及影片等，此萃取方式僅是從檔案系統中單純複製資料，並無法查看已刪除檔案，好處是對於具時效性案件，偵查人員可快速掌握使用者社交圈，以快速鎖定可疑目標。

數位證據現場蒐證工具包

如同刑案現場勘察，需要有相機與各種工具進行蒐證與辨識，數位蒐證現場亦使用各種軟體達成任務。在數位鑑識人員出勤工具包內，備有完整的蒐證與鑑識分析軟體，如製作映像檔、還原刪除、變更開機碼、取消螢幕鎖定、USB偵

6 越獄是一個用於 iOS 系統上的專有名詞，意指透過系統漏洞等方式，獲取 iOS 系統最高權限的一種技術手段。若是用於 Android 系統則稱提取。

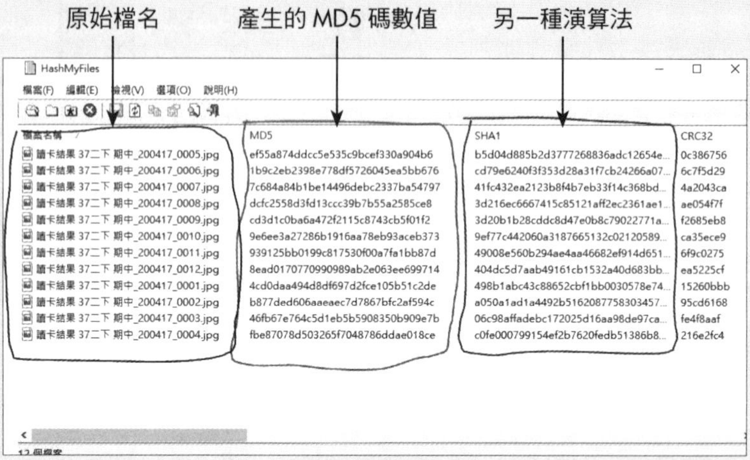

▲圖 10-2 使用 HashMyFiles 檢視各種雜湊值，可用來快速判斷檔案是否被修改過。

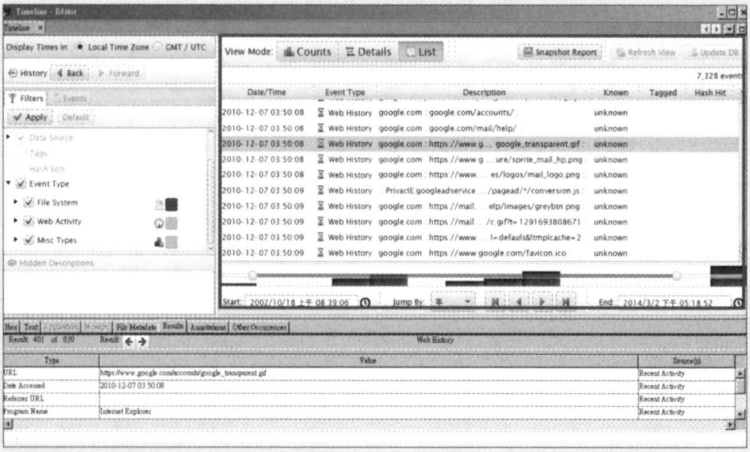

▲圖 10-3 依照時間序列檢索事件內容（加框處），圖為上網紀錄。

錯等。擷取資料須以在對證物影響最小化前提下進行，產出雜湊值[7]（見右頁圖10-2），另針對非消逝性及易消逝性證據進行採集，以時間軸了解可能的犯罪行為（見右頁圖10-3）。常用工具包如刑事局開發之CIB-Triage III，其導入區塊鏈[8]概念，確保所得資料具去中心化、不可篡改性、可追溯性特性，確保證據力，亦有機關採購現場電腦鑑識工具包（InfoDetector）等軟體。

實驗室分析

返回實驗室後，需再使用各種磁碟工具檢視蒐證，為讓鑑識人員快速有效分析，通常搭配各種整合性軟體，執法機關常用如Cellebrite、Magnet、EnCase、Autopsy、ANTI Forensic Utilities……常用分析方式如下：

---

7 雜湊值主要用於驗證檔案的完整性。

8 Blockchain，一種進階資料庫機制，允許在業務網路中分享透明的資訊。

一、關鍵字搜尋：使用與案情相關之關鍵字搜尋，除以傳統關鍵字，如毒品、冰糖、草，或是身分證、綽號外，亦可針對特殊符號，如青少年常用火星文，表情狀態，或是特定族群符號進行。

二、交叉比對：經由如通訊紀錄、導航、打卡、生活軌跡資料，交叉比對每個犯嫌路線是否有共同出現位置；或以特定時間或事件為基準，往前及往後尋找所有與案件相關資訊，進而確認偵查目標與了解涉案程度。

三、關聯性分析：就特定偵查目的進行關聯性分析，證明人與人、人與集團關聯性。資料可以長條圖、事件訊息或條列式方式呈現，其中長條圖可讓偵查人員了解特定時間範圍內有多少數據活動量，事件訊息則是透過相同事件聚合，檢視事件資料，讓偵查人員直接掌握活動的內容，減少過濾龐大資料所需的時間。

•人物關聯性：主要了解主從、朋友、親戚、稱呼、指揮權，這在偵辦組織犯罪，或是權力上下游關係時可以使用。

•事件關聯性：如製毒工廠負責人、員工對於製毒相關物品（封口機、攪拌器、分裝機）、原料（果汁粉、二、三級毒品）之採購、運送、製造、銷售等行為關聯性。

•時間關聯性：利用時間序列分析（timeline analysis）了解活動軌跡，可知道特定時點前中後電腦資訊內容差異，故常藉由檔案、網路活動與圖片、GPS軌跡，搭配通訊時間、在場時間等資訊完成分析。

•地點關聯性：如倉庫、店面、公司、大眾運輸位置關聯性分析，用以了解當事人生活或犯罪模式。

•物品關聯性：如洗錢案件，可針對房屋、車輛、珠寶、貨幣、證券等共同分析，以了解可疑金流。

三、圖片本身原始資料（Meta Data）：檢視圖片是否為原始檔案，有無經過編輯或修改，通常係透過可交換影像檔案格式（Exchangeable Image File Format，EXIF）相關資訊，了解圖片屬性、拍攝資訊、創立時間、裝置等，以確認圖片本身是否係原始影像（見下頁圖10-4）。獲得上述資訊後，可再由涉案相（影）片中反向調查係於何時、何地、以何種數位裝置拍攝。

四、圖片比對：透過上傳檔案或提供照片連結，以工具自動比對Google、

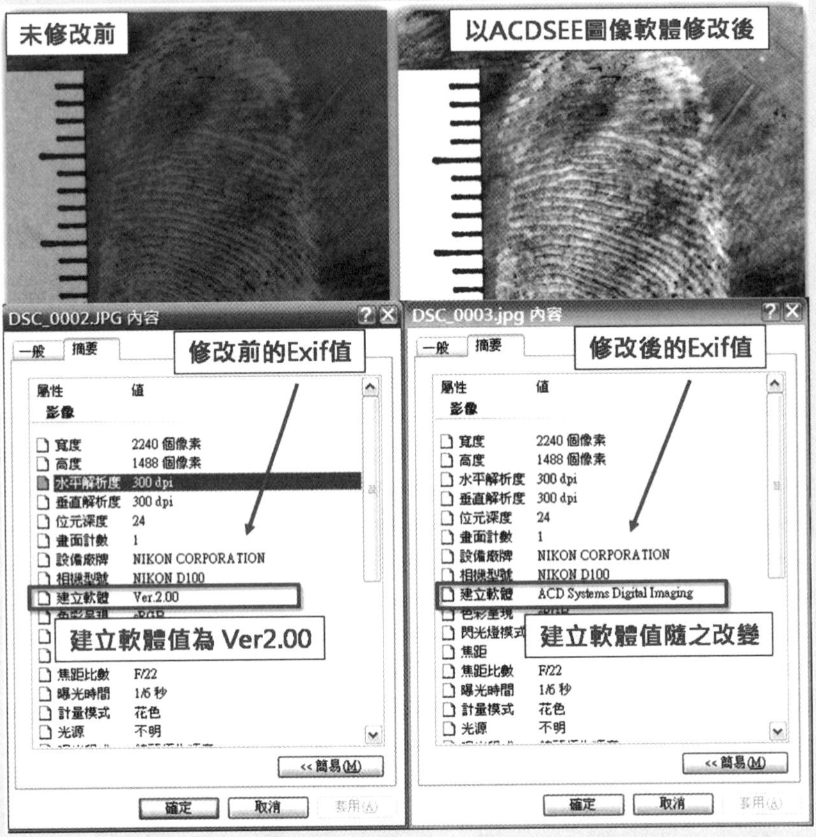

▲圖 10-4 影像修改前後，Exif 資訊不同。

bing、tineye、reddit、yandex、baidu、so.com及sogou等公開搜尋網站上可取得的類似照片，另外亦可擷取圖片EXIF訊息，了解使用裝置、像素、GPS資訊，了解原始照片來源。連續性兒少性剝削案件中，可加入相似度比對功能，針對人臉或周遭環境、檔案雜湊值進行比對。

五、圖片自動化分析：如圖片鑑識工具Fotoforensics，利用圖像壓縮後會產生高頻率的白色分隔線，檢視其錯誤層級（Error Level Analysis，ELA），線條越明顯就表示圖片偽變造程度越高。

六、影音資料搜尋：有效縮短各類影像資料檢視時間，快速找到所需相（影）片內的重要關鍵物品，如BriefCam即屬此類。

只要確保源頭查扣程序合法，且內容並未經過修改，透過各類認證軟體擷取與分析結果，在法院上較無爭議，若不當法庭證據使用，亦可了解當事人活動軌跡，做為偵查手段參考，因此各類採證與鑑識軟體的使用，已成為現代偵查人員必備素養。

11

車禍鑑定百況

—— 駕駛不明車禍案件，民國 94 年

陽明山遊覽車翻覆事故，民國 96 年

在我們的認知中，法律是揚善懲惡、伸張正義、主持公道的最後一道防線，也是社會治安非常重要的規範。但是如果司法審判的結果讓民眾覺得離譜至極，大家會怪罪法官不食人間煙火，不知民間疾苦，最後被冠上「恐龍法官」的稱號。

但是法官也有話要說，他們也覺得很無奈。依法判決是法官的本職，而且審判講求證據，如果證據不足而勉強判決，那可能又會造成另一樁冤獄。所以，偵查蒐證的過程非常重要，如有疏漏誤判、思慮不周、便宜行事，將導致沒有蒐證到可以連結犯罪行為的證據，使得法官心證無法形成，難以做出有罪的判決。

把人撞癱，竟判無罪、免賠

有一起車禍發生在民國九十四年三月七日，被害人王銘麟騎機車在高雄市中山四路經金福路口時，被一輛自小客車違規左轉撞上，當時小客車上載的是陽明海運公司一名葉姓副總經理及陳姓部屬。車禍後，陳男自承他是駕駛，檢方因此以過失重傷害罪起訴陳男。

但陳男被起訴後，目擊證人都指證駕駛並非陳男，而是葉男，但高雄地院卻認為依常理判斷，不可能由上司為部屬開車，因此認定是陳男開車，判陳男六個月徒刑。但上訴後，高雄高分院又認為主管臨時興起要求換手駕車「也不是不可能」，採信目擊者證詞，認定駕駛為葉男，改判陳無罪定讞。

不料，之後本案再由高雄地院另一合議庭審理時，卻又認為目擊證人的證詞有疑點，前後矛盾，指證有多處重大瑕疵，難以採信，加上葉男與陳男對於是誰開車的說法都通過測謊，法院因此認定駕駛是陳男，葉男既非駕駛人，即無刑責，陳男則自始即承認開車，也不涉頂替罪。最終，官司纏訟七年多，法院竟然因為搞不清楚到底是誰開的車，於是將當時車上的兩人分別判決無罪定讞。

車禍當時，就只有兩個人在肇事車上，究竟誰是開車的肇事者，要釐清有這麼難嗎？當時，如果警方有採證或查驗方向盤及駕駛座上的指紋及DNA，那駕駛的爭議可能就能迎刃而解。當年，因為有兩位目擊證人，都說親眼目擊葉男從駕駛座下車，他就是肇事駕駛，所以家屬提出民事賠償，法院一審判葉男和陽明海運公司要連帶賠償一千一百七十四萬元。但葉男上訴，七年後二審，法官竟判轎車上兩人都無罪，免賠。一場把人撞癱瘓的車禍，卻沒有人需要負責，也不用賠任何一毛錢，如果你是家屬，你能接受嗎？

車禍當年，被害人王銘麟三十歲，剛考上公務員，也還在成大念研究所。車禍後，王男四肢癱瘓，只能臥床，仰賴家人照顧，他意志消沉，曾自暴自棄大喊「把我弄死，可以嗎」，原本是民航局職員，英俊帥氣的他，一場車禍人生全變了調。更讓家屬難以接受的是，官司纏訟七年，警方查不出是誰開車，找不到肇事者，法院竟判免賠，家屬痛批，司法無能！

王銘麟癱瘓，家屬打了七年官司，儘管不滿司法判決，但是因為司法救濟[1]，已經過了賠償時效[2]，無法申賠。而王銘麟車禍後，因公務人員請病假，超過規定時數，已自動喪失公務人員資格，所以也沒能從公家單位，得到任何的救濟。長期訴訟及照顧癱瘓的王銘麟家屬身心俱疲，經濟窘迫，其痛楚非常人所能想像。

王媽媽泣訴：「車上只有兩個人，兩個人都判無罪，那車子會自己跑嗎，它是電動車，還是遙控車？」兒子這些年來過的生不如死，法院竟說找不到凶手，車上的兩人都無罪，希望法官認真審案，還給家屬一個公道。

王家律師吳秋麗也痛批：「車上就只有兩個人，最後判決變成不是甲也不是乙開車，叫被害人如何相信可透過司法還其公道？」

高雄高分院表示，兩案由不同合議庭審理，前後認定雖有歧異，但都是承審法官依證據裁判，並無違誤。高雄高分院坦承車禍必然有駕駛人，雖然兩案都已判無罪定讞，但若有新事實、新證據足認為有罪，檢察官仍可聲請再審救濟。只是陳男已於民國九十七年二審判決無罪確定，且已過聲請再審期限，無法再救濟；而葉男無罪部分雖未過期，但仍須審酌是否有構成再審的事由。

為了伸張司法正義，控訴司法的不公，王媽媽請民意代表幫忙召開記者會。記者會上王媽媽淚流滿面的說，家人都不贊成她開記者會，但她不信公理喚不回，堅持小蝦米要力抗大鯨魚。還說，她和丈夫都是基層公務員，靠退休俸過生活，

1 因受行政機關之處分致使權利受到侵害，而依法請求司法機關予以審理並作成判決之救濟方式。

2 因侵權行為所生之損害賠償請求權，自請求權人知有損害及賠償義務人時起，兩年間不行使而消滅。

兒子癱瘓臥床，他的醫藥費、看護費至今已花了六百多萬元，打官司也花了兩百多萬元，很擔心老本花完該怎麼辦？

家屬的無奈，真讓人憐惜感慨。

看了這起車禍的偵審結果，我內心忿忿不平。設身處地，如果你是被害人或家屬，心裡會作何感想？當然，各級法院是獨立審判，法官也有其自由心證的衡量標準，而判決有罪又必須依靠證據，在警方蒐證不力或有疏漏，導致證據不足的情況下，即使有證人指證及當事人坦承犯行，法官仍可能會依嚴格的證據能力標準，來決定是否採用人證的說詞，或逕採行自由心證的認定結果。因為證據的法則上，人證是可變的，必須對人證的說法存著合理的懷疑。最可靠的，還是要經由現場採證，由物證來證明證詞的真實性，釐清案情，證明犯行或還其清白。

所以換個角度想，如果這起車禍案件在案發當時，就有請鑑識人員進行現場、相關車輛、被害人、當事人的檢視與採證，並特別針對駕駛人不明的方向盤，及駕駛座周遭的採證查驗及分析比對，那駕駛人是誰可能就會容易確認而沒有爭議。不過，這就要從警察處理交通事故的流程說起。

一般交通事故的現場處理，是由交通警察做現場拍照、測繪、問筆錄及填表單，作為事故原因分析及責任判定的依據，他們不會做鑑識的採證分析工作。如遇有人員重傷、或死亡、或案情重大的案件，才會通報請求刑事單位的鑑識人員來進行指紋、DNA、油漆、玻璃等鑑識採證。

如果有人承認肇事或有目擊者指認，一般不會叫鑑識人員支援採證，我想這才是造成這起交通事故案件駕駛人不明的主因。如何改進？那可能就要從實務面及制度面研訂交通事故案件，鑑識人員支援蒐證的標準作業規範，並加強員警的鑑識技能教育訓練，及交通、刑事、鑑識單位相互支援的靈活機制。期望能改進失誤，避免類似缺憾的發生，以維護民眾權益及伸張司法正義。

陽明山遊覽車翻車事故

民國九十六年六月二十四日傍晚六點三十分左右，一輛隸屬於台灣租車旅遊集團、車號A5-171的遊覽車，搭載美商嘉康利公司員工及家屬二十九名，於陽明山中山樓參加開幕大會後的歸途中，行經仰德大道、永公路口，因煞車失靈，企圖擦撞山壁及路邊護欄減速不成，之後追撞下山的白色鈴木轎車，轎車又迎面撞上上山的銀色豐田轎車，遊覽車則向右打滑失控墜入七十公尺深的山谷，造成兩人當場罹難，六人送醫不治，共計八人死亡、二十五人輕重傷。

由於本案屬重大交通事故，牽涉多人傷亡。案發後首要任務就是傷患的送醫急救，所以，為了救護及現場處理的順暢，當晚就封鎖陽明山仰德大道，且交通事故的現場蒐證與鑑定，除了由臺北市警察局交通大隊交通事故處理組負責現場的拍照、測繪、蒐證與鑑定外，當時我是擔任臺北市警察局刑事鑑識中心主任，也接獲通報，親自帶領鑑識團隊上山支援現場刑事蒐證，及屍體相驗記錄等工作。

因為本案還涉及遊覽車到底有無煞車失靈及為何會煞車失靈？車輛行駛有無超速？遊覽車的車頂為何會脫離，導致乘客飛出車外被車體壓死等種種問題。鑑定還涉及遊覽車的車體結構、機械運作及車輛工程等專業，這些專業在交通警察及鑑識人員並無相關的人才，所以，檢察官及法官也委任專業的車輛技師，或車輛工程大學教授來協助鑑定。

本案事故現場經交通及鑑識勘察、採證與鑑定結果，仰德大道上靠近永公路口是屬於連續下坡路段，雙向道通行，右邊有水泥護欄、中間畫有雙黃線，另一邊是對向的車道，而車道旁就是山壁。現場地面上發現有一條煞車痕跡，但是靠右邊的水泥護欄及遊覽車的右側輪胎上卻有摩擦的痕跡。

遊覽車體及機械經專業車輛技師鑑定結果，煞車系統沒問題，車體曾經過變造，上層乘客區無鋼架保護，並且使用再生胎。

經法醫相驗屍體結果，都是因墜落撞擊，或遭車體、物體撞擊或輾壓致死，無他殺嫌疑。

檢警研判，司機可能行駛在陽明山仰德大道上，看到前面有車速減慢狀況，頻踩煞車。當時適逢下坡路段，車速四十六公里，超過道路速限四十公里，加上遊覽車是使用再生胎，摩擦力不足。而依當時天候為晴、日照充足、視線良好、道路平坦等情形，並無不能注意之情事，竟疏忽未注意，於駕車行駛長下坡路段時，未使用低速檔而以第三、四、五檔行駛，加上司機未開啟煞車鼓冷卻水系統、頻踩煞車等不當行為，以致煞車來令片過熱而降低摩擦阻力，及減損煞車力。

司機因而誤認該車煞車系統失靈，雖試圖以車身擦撞右側水泥護欄之方式減速，卻因該處後方路段並無路側護欄可供擦撞而無法減速，之後遊覽車追撞下山同向的白色鈴木轎車，鈴木轎車被追撞失控，再迎面撞上對向上山的銀色豐田轎車。遊覽車為了避免再撞車，就將方向盤向右打，此時剛好護欄終止了，於是遊覽車在撞斷一支測速桿之後，偏滑失控墜入七十公尺深的山谷。因為肇事遊覽車曾變造過車體，上層乘客區無鋼架保護，導致翻滾中車頂脫離，車內乘客被拋出車外摔死、或遭翻滾的車體輾壓、或物體撞擊，才導致如此慘重的傷亡。

民國九十七年四月二十一日，臺灣士林地方法院檢察署調查認為，許姓司機疏於檢查煞車，在行駛長下坡路段又未用低速檔，也沒有開啟煞車鼓冷卻水系統，致煞車力減損。駕駛誤認煞車失靈，頻踩煞車無效，企圖擦撞護欄減速卻肇禍，依業務過失致死等罪起訴，並求刑三年。

民國九十八年三月三十一日，臺灣士林地方法院宣判，許姓駕駛犯業務上過失致人於死罪，處有期徒刑六個月，可易科罰金，以新臺幣一千元折算一日計算。同年六月二十九日，臺灣高等法院宣判，上訴駁回。雙方未再上訴，全案定讞。

道路交通的安全考量及事故的鑑定主要有四個元素：人、車、路及環境（含氣候）等不同變因。而交通事故的調查其實跟我們講過的任何一個刑案、火災調查一樣，案發現場都需要經過仔細的跡證蒐集、測繪、攝影、記錄，再加上對車輛特性、車體碰撞、駕駛行為、受傷部位等專業知識，並且綜合以上資料加以縝密思考、分析、推論，來重建車禍發生的過程和原因，才能釐清事實的真相，作為後續追究責任歸屬的依據。

加上現今的車輛上大都裝有行車攝錄影機，而且街頭的監視攝錄影機到處密布。還有，大型車輛如遊覽車，車上都必須裝上記錄車速的行車記錄器。所以萬一發生車禍時，即可調取相關影像及車速，結合前述的人、車、路及環境、天候的蒐證，即可使車禍鑑定的結果更為正確，勿枉勿縱。

臺灣超級大案鑑識現場

車禍撞擊痕跡分析

圖、文／曾春僑副教授

車輛材質特性、相對高度、軟硬度、外觀、重心配置與車行速度等與撞擊型態有直接相關，透過外觀型態辨識，在肇事逃逸案件，可以用來篩選可疑車輛；現場採證時，可協助找尋轉移跡證或痕跡；偵查中，可用來協助判斷各方說詞可靠性；肇事責任鑑定時，則可作為研判相對撞擊部位、車速與車行軌跡參考。

人車道路採證思維

現場處理，通常以人、車、現場三大面向尋找關聯性，再輔以基本物理原則，若無二次撞擊情況時，通常可以快速判斷兩造撞擊過程，加速現場採證標的判斷與取捨流程。

車禍事故與駕駛人、車輛狀況與道路設計息息相關，故勘察時亦從這三面向著手，擬定採證策略。

一、車與人碰撞：相較於車輛，人體較軟且質量小，低車速之碰撞即可導致行人失去重心跌倒，進而造成頭部撞擊，或是身體遭輾壓情況。低車速下因撞擊力道較輕，車輛外觀常無太大凹陷，故須透過微物或擦抹痕確認接觸位置。高速撞擊力道大，車身易有凹陷狀況，以自小客車來說，行人可能遭撞飛至前擋風玻璃上，或駕駛未繫安全帶因慣性往前拋而撞破擋風玻璃，被害者甚至會被拋飛至車頂或後方，或遭破裂玻璃切割，在車輛各部位形成凹陷型態。

二、車與車碰撞：車為剛性物體，相互撞擊硬碰硬結果，會因雙方車輛位置、速度、高度差異而形成不同撞擊型態，例如小客車若未保持車距追撞車斗較高卡車時，保險桿不一定有損傷，但引擎蓋常會內縮掀起（見下頁圖11-1）；若兩造均為自小客車之正面撞擊情況，則從保險桿部位即可見到損壞（見下頁圖11-2）；若為側面撞擊，則容易有突出物，如後照鏡脫落等情況，亦可見到車身零件如輪胎

▲圖 11-1 轎車追撞車斗較高貨車後，引擎蓋隆起型態。

▲圖 11-2 廂型車正面撞擊燈桿型態，可見一明顯凹痕。

（見圖11-3）、車牌等轉移印痕。此類型態較容易判斷，只要比對兩造車輛的損傷部位即可得知，若有一方肇事逃逸時，亦可透過在場生還駕駛供述，協助判斷與找尋涉案車輛。

三、車與道路設備碰撞：各種道路設備均可能成為車輛撞擊標的，如安全島、燈桿、各式護欄、告示牌、車道分隔桿、測速照相桿，甚至滾轉後與地面產生摩擦痕跡，均屬於與道路設備碰撞情況。道路設備以維護行車安全為主要考量，為避免遮蔽視線，除安全島外，通常較少有大面積結構，故若正面撞擊時，容易見到受力中心

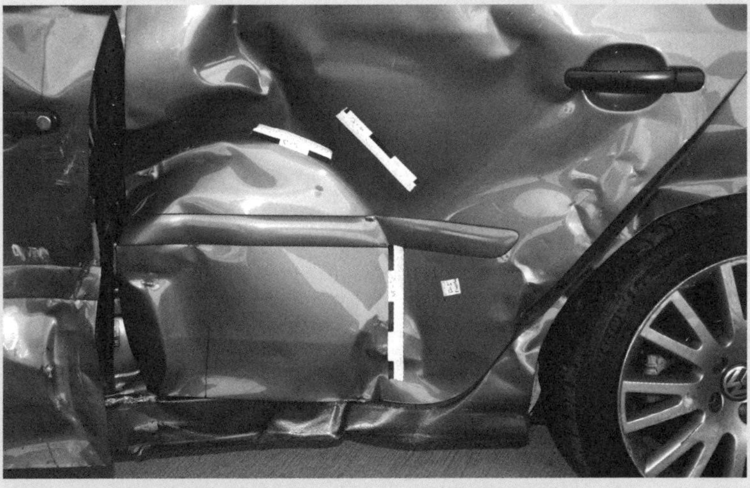

▲圖 11-3 撞擊後造成輪胎轉印，於車門上形成圓形痕跡。

明顯凹陷；若為側面擦撞時，則容易出現由前到後整片擦痕。

事故現場常見痕跡

痕跡判斷須一定經驗輔助，輔以現場敏銳度、對各車輛構造熟悉度等，茲就撞擊現場常見痕跡說明如下：

一、零件印痕：多在硬物與硬物撞擊出現，少數則為硬物與軟／彈性物體撞擊，例如衣物、身體組織等。零件印痕多數可呈現部分外觀輪廓，有時連細微紋路或商標亦可能轉印。此類印痕形成條件除一定力道外，兩造更不能產生過多相對位移，若相對位移嚴重，則會破壞外觀輪廓，轉以刮擦痕跡顯示。

- 由形狀與大小初判零件種類：例如車牌多有固定大小，且可能會連同文字一併轉印，六角形狀可能為螺絲頭印痕，圓盤狀可能為輪框或煞車盤，小型長條物可能為機車排檔桿（見左圖11-4）等。
- 印痕為鏡像與原件左右相反：勘察時必須在腦海將所見，鏡像轉換成原始圖像，以利於可疑零件比對（見下頁圖11-5）。

- 除比對相關高度位置，尚須模擬案件發生過程：除參照相對高度與位置外，尚須考量動態撞擊過程產生的影響，例如人跌倒時，則較低位置處零件，如煞車碟盤等，就可能轉印至安全帽上。
- 堅硬且突出的零件較易形成：物體突出部通常為兩造相對距離最近處，且因表面積小，單位面積承受較大力量，更容易將輪廓轉印至對造物體上，甚至會形成破裂孔洞（見下頁圖11-6）。

▲圖 11-4 機車與貨車擦撞後，於貨車門板形成之煞車拉桿痕跡。

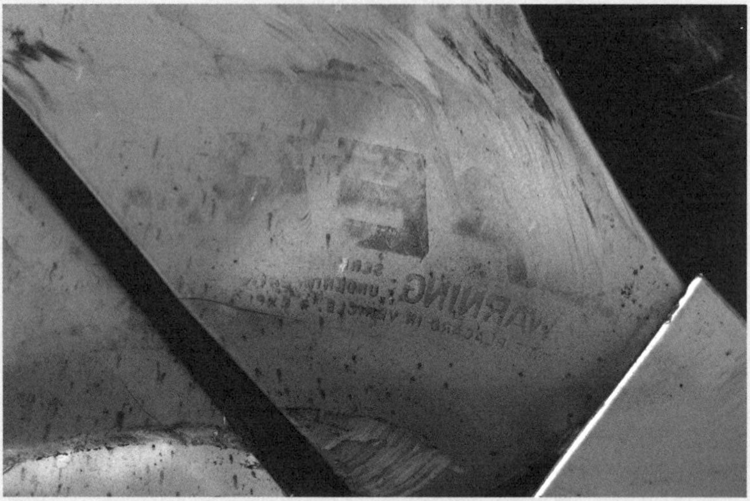

▲圖 11-5 印痕為左右相反之鏡像痕，圖為輪胎側面轉印痕。

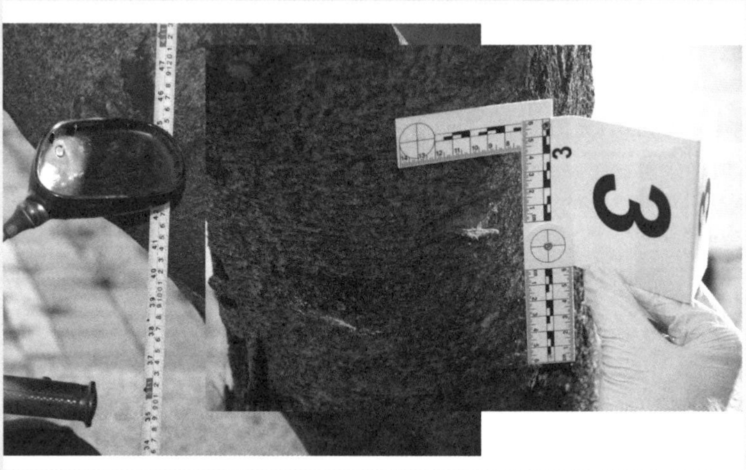

▲圖 11-6 樹幹新痕（右），經比對為後照鏡與剎車零件（左）造成。

・以新舊程度協助判斷：若車輛尚未清洗，則可比對兩造車輛新痕附近零件，較有可能找到形成印痕零件。

・以不同角度或光源反覆檢視：因光線反射角度與背景干擾等因素，有時正面或自然光線下不易發現相關印痕，此時可用不同光源或角度重複檢視。

・印痕形成部位有彈性時，須考慮變形與位移情況：部分零件可吸收撞擊力，受力時會先變形至一定程度才轉印至目標上，此時外型可能不會太過精確，故變形與位移亦為考量重點。

二、**輪胎印痕**：存在於路面、輾壓過的人體、衣物等，因材質或輪胎作用力深淺不一，以致造成的印痕種類、方式、力道方向均不同，須配合各式攝影設備，例如多波域光源、紅外線光源等，才能完整記錄。有時車輪輾壓過人體後，胎痕會以皮下瘀血方式呈現，且瘀血出現在胎面凹處，案發當下淤血痕跡可能不明顯，須冰存一至兩天後逐漸顯現，故若研判車輛有輾壓情況，解剖時須特別留意輪胎痕跡顯現狀況。路面痕跡則為各種拖痕、煞車痕、胎紋痕等，這些痕跡在肇事原因極為重要，涉及更多交通專業，限於篇幅未於此說明。

三、織（衣）物痕：人類無皮毛保護，群體生活後，有思想與道德框架約束，衣物已變成人類第二層皮膚。織物纖維留存位置、數量多寡、型態等資訊，代表人車互動狀況。纖維鑑定項目，主要包括纖維成分與痕跡型態鑑定，前者目的在證明車輛上遺留纖維與某特定人士衣物關聯性，若未能發現實體纖維時，則可透過織物痕比對，證明人車接觸部位（見圖11-7）。

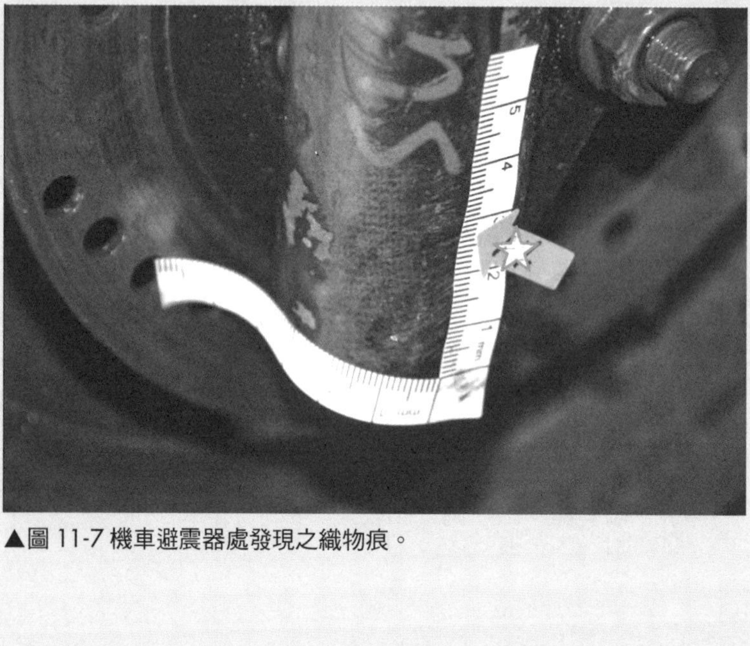
▲圖 11-7 機車避震器處發現之織物痕。

國家圖書館出版品預行編目（CIP）資料

臺灣超級大案鑑識現場：媽媽嘴、W 飯店、319……11 件轟動臺灣的大案，記者、警察、街頭巷尾都在談論，真相是？鑑識專家用獨家照片解讀現場。／謝松善、曾春僑著； -- 初版 . -- 臺北市；任性出版有限公司，2025.03

352 面；14.8×21 公分 . --（issue；84）

ISBN 978-626-7505-41-0（平裝）

1. CST：刑事偵查　2. CST：鑑識　3. CST：個案研究

548.61　113018914

issue 084

臺灣超級大案鑑識現場

媽媽嘴、W 飯店、319……11 件轟動臺灣的大案，記者、警察、街頭巷尾都在談論，真相是？鑑識專家用獨家照片解讀現場。

作　　者／謝松善、曾春僑
協助編撰／黃子榕、張亦萱
校對編輯／黃凱琪
副 主 編／蕭麗娟
副總編輯／顏惠君
總 編 輯／吳依瑋
發 行 人／徐仲秋
會計部｜主辦會計／許鳳雪、助理／李秀娟
版權部｜經理／郝麗珍、主任／劉宗德
行銷業務部｜業務經理／留婉茹、專員／馬絮盈、助理／連玉
行銷企劃／黃于晴、美術設計／林祐豐
行銷、業務與網路書店總監／林裕安
總 經 理／陳絜吾

出 版 者／任性出版有限公司
營運統籌／大是文化有限公司
臺北市 100 衡陽路 7 號 8 樓
編輯部電話：（02）23757911
購書相關諮詢請洽：（02）23757911 分機 122
24 小時讀者服務傳真：（02）23756999
讀者服務 E-mail：dscsms28@gmail.com
郵政劃撥帳號：19983366　戶名：大是文化有限公司

香港發行／豐達出版發行有限公司 Rich Publishing & Distribution Ltd
地址：香港柴灣永泰道 70 號柴灣工業城第 2 期 1805 室
Unit 1805, Ph. 2, Chai Wan Ind City, 70 Wing Tai Rd, Chai Wan, Hong Kong
電話：2172-6513　傳真：2172-4355　E-mail：cary@subseasy.com.hk

封面設計／林雯瑛　內頁排版／林雯瑛
印　　刷／緯峰印刷股份有限公司
出版日期／2025 年 3 月初版
定　　價／460 元（缺頁或裝訂錯誤的書，請寄回更換）
I S B N／978-626-7505-41-0
電子書 I S B N／9786267505397（PDF）9786267505403（EPUB）
